숫자도깨비!

1에서 100까지 숫자들의 이야기

리차드 이반 슈바르츠

Authorized translation from English language edition,
You Can Count on Monsters, by Richard Evan Schwartz
Copyright © 2010 held by the American Mathematical Society.
All rights reserved.
This Korean edition was published by Kidbook Publishing Co.(Jiyangsa) in © 2020 by arrangement with American Mathematical Society through KCC(Korea Copyright Center Inc.), Seoul.

이 책은 (주)한국저작권센터(KCC)를 통한 저작권자와의 독점계약으로 지양사에서 출간되었습니다.
저작권법에 의해 한국 내에서 보호를 받는 저작물이므로 무단전재와 복제를 금합니다.

숫자도깨비!

지은이: 리차드 이반 슈바르츠 • 옮긴이: 이윤진 • 초판 발행일: 2020년 3월 27일
펴낸곳: 도서출판 지양사 • 키드북 등록번호: 제1989-000041
주소: 서울시 월드컵북로38가길 20 102-1101호 • 전화: 02-324-6279
팩스: 02-6499-1552 • e-mail: cgim5400@daum.net
ISBN: 978-89-8309-711-8(77410) • 값: 17,500원

이 도서의 국립중앙도서관 출판사도서목록(CIP)은 서지정보유통지원시스템 홈페이지(http://seoji.nl.go.kr)와 국가자료공동목록시스템(http://www.nl.go.kr/kolisnet)에서 이용하실 수 있습니다.
(CIP제어번호: CIP2019049921)

지은이가 한국의 어린이에게 드리는 글

이 책을 한국 어린이들이 읽고 즐길 수 있도록
한글판이 나오게 되어 매우 기쁘게 생각합니다.
한국에는 수학에 재능 있는 어린이들이 많다는 것을 알고 있습니다.
이 책을 읽는 어린이들 중에서도 훌륭한 수학자가 많이 나오기를 바랍니다.

수학은 넓고 깊으면서도 아름다우며 매우 신비로운 학문입니다.
그래서 수학에는 아직 풀리지 않은 어려운 문제들이 많이 있습니다.
숫자의 더하기·빼기·곱하기·나누기의 단순한 계산들을 넘어서서
숫자들이 가진 매력과 흥미를 이 책으로 전하고 싶었습니다.
그러나 이 책은 수학의 아주 작은 부분만 보여 준다는 사실을
어린이 여러분은 알아야 합니다.

_리차드 이반 슈바르츠

이 책은 1부터 100까지 숫자들의 이야기이다.
나의 딸들에게 소수와 인수분해를 알려 주기 위하여
이 책을 쓰게 되었다.

이 책을 이해하기 위해서는
2, 3과 같은 정수들을 곱하는 방법만 알면 충분하다.

2 × 3 = 6

2 곱하기 3의 값이 6임을 알려 주는 방법은 다음의 세 가지가 있다.

첫 번째, 공이 세 개씩 들어 있는 주머니가 둘일 때, 주머니 두 개에 있는 공을 모두 세어 보면 여섯 개이다.

 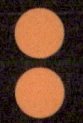 

두 번째, 공이 두 개씩 들어 있는 주머니가 셋일 때, 주머니 세 개에 들어 있는 공을 모두 세어 보면 여섯 개이다.

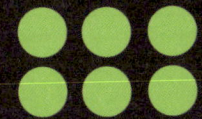

세 번째, 공을 가로로 세 개, 세로로 두 개씩 바둑판 모양으로 배열하고, 이 공을 모두 세어 보면 여섯 개이다.

2 × 3 = 6을 알려 주는 또 다른 방법은 아래의 그림과 같다. 이때 2와 3을 6의 인수라고 한다.

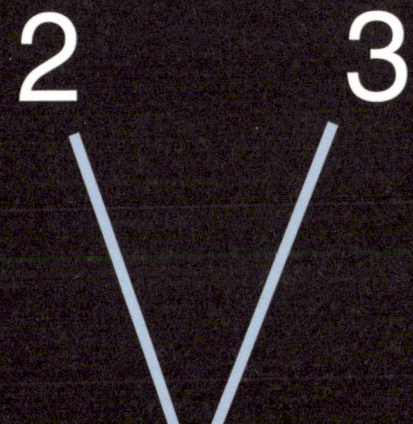

그리고 이것을 '인수 나무'라고 부른다.

3 × 5 = 15

3곱하기 5의 값이 15임을 알려 주는 방법은 다음의 세 가지가 있다.

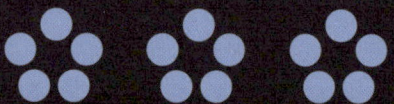

첫 번째, 공이 다섯 개 들어 있는 주머니가 셋일 때, 주머니 세 개에 들어 있는 공을 모두 세어 보면 열 다섯 개이다.

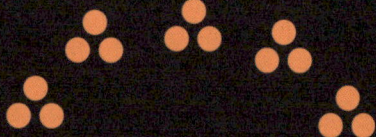

두 번째, 공이 세 개 들어 있는 주머니가 다섯일 때, 주머니 다섯 개에 들어 있는 공을 모두 세어 보면 열 다섯 개이다.

세 번째, 공을 가로로 다섯 개, 세로로 세 개씩 바둑판 모양으로 배열하였을 때, 이 공을 모두 세어 보면 열 다섯 개이다.

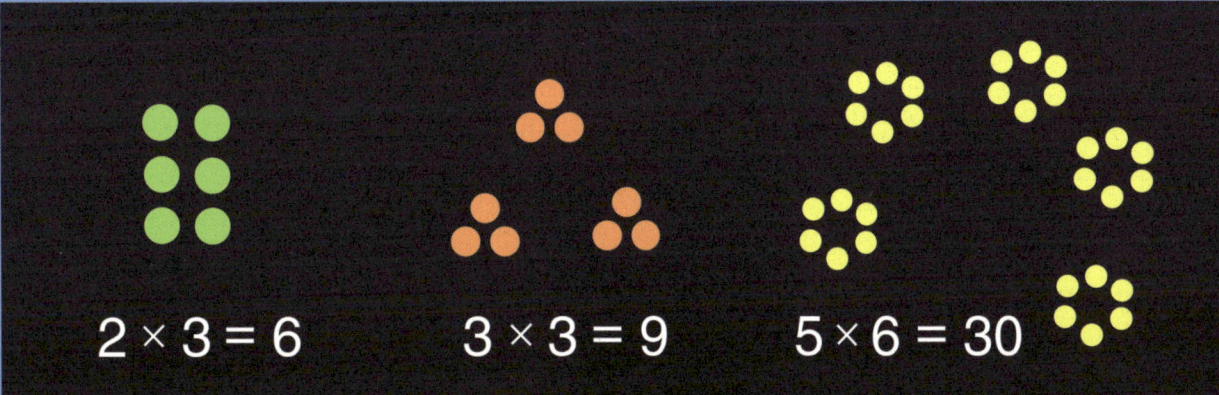

이제 숫자들을 곱하는 방법을 알 수 있게 되었다.
공들을 적당한 개수의 묶음으로 나누어 놓고
모두 세어 보면 된다.

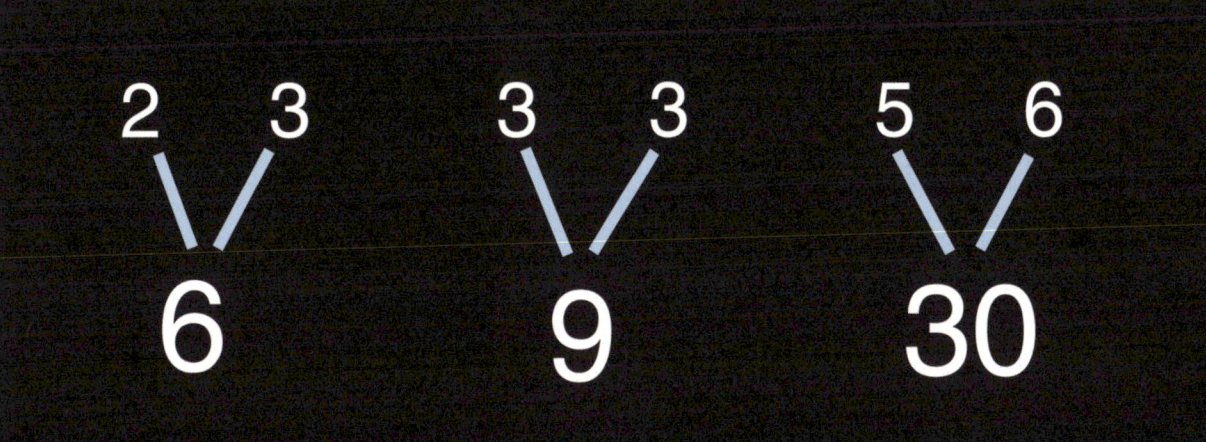

앞 페이지에서 숫자 30으로 그린 인수 나무는
끝까지 자란 나무가 아니다.
여기 2개의 인수 나무를 합쳐서 더 큰 인수 나무를 그려 보았다.

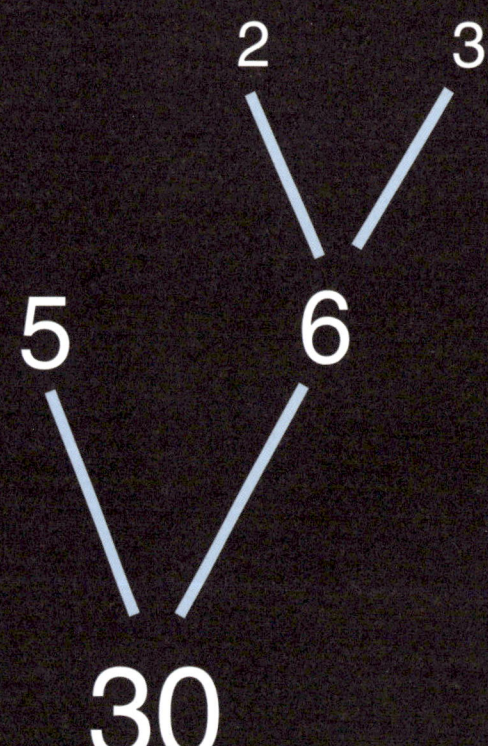

숫자 30으로 그린 인수 나무를 설명하기 위해 오렌지색 공과 노란색 공들을 다시 배열해 보았다.
오렌지색 공은 다섯 개씩 한 묶음인 여섯 덩어리가 있는데,
가로로 두 덩어리, 세로로 세 덩어리씩(또는 3 × 2 모양의) 바둑판 모양으로 배열하였다.

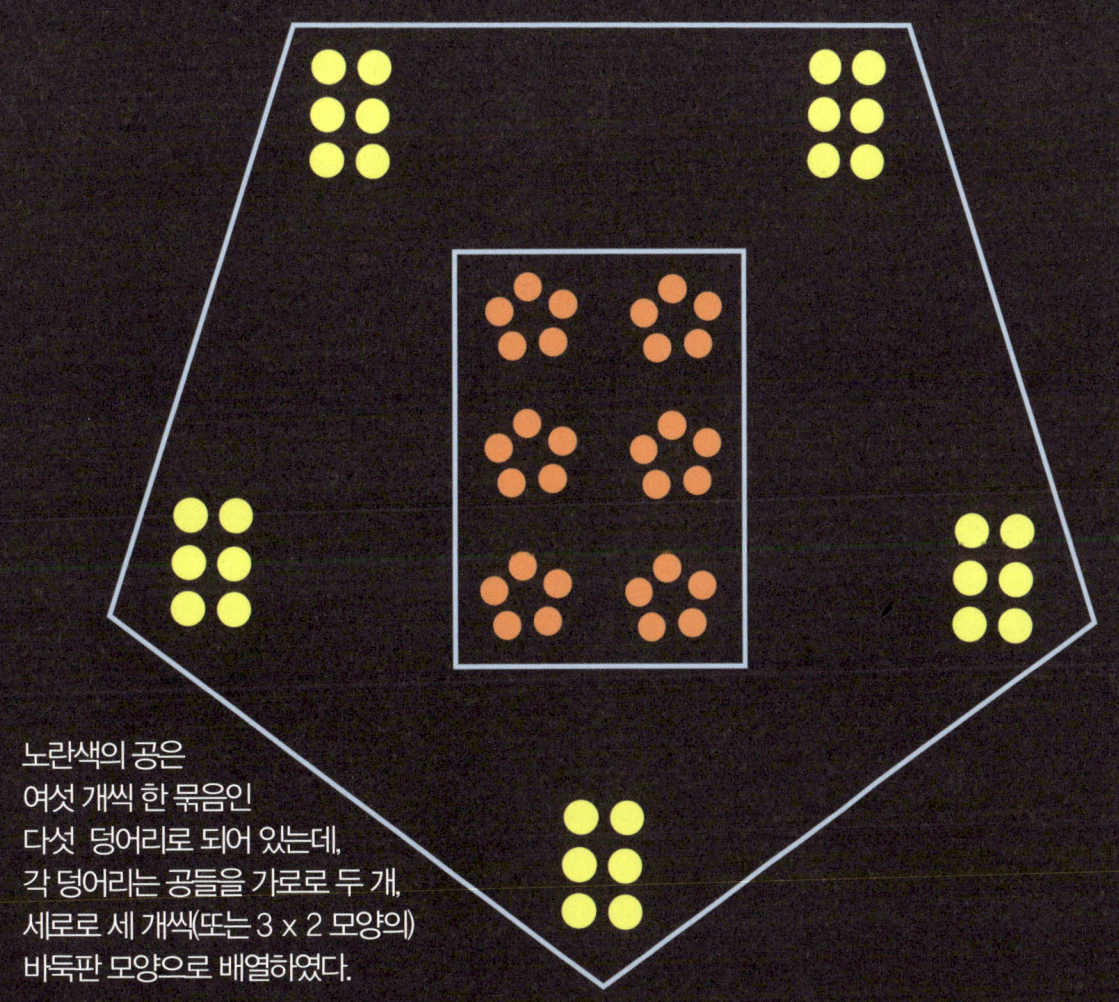

노란색의 공은
여섯 개씩 한 묶음인
다섯 덩어리로 되어 있는데,
각 덩어리는 공들을 가로로 두 개,
세로로 세 개씩(또는 3 × 2 모양의)
바둑판 모양으로 배열하였다.

앞에서 30으로 그렸던 인수 나무가 다 자란 나무인지 궁금할 것이다.
사실 1 x 2 = 2이고 1 x 3 = 3이고 1 x 5 = 5이므로
다음과 같이 인수 나무 가지를 덧붙일 수 있다.

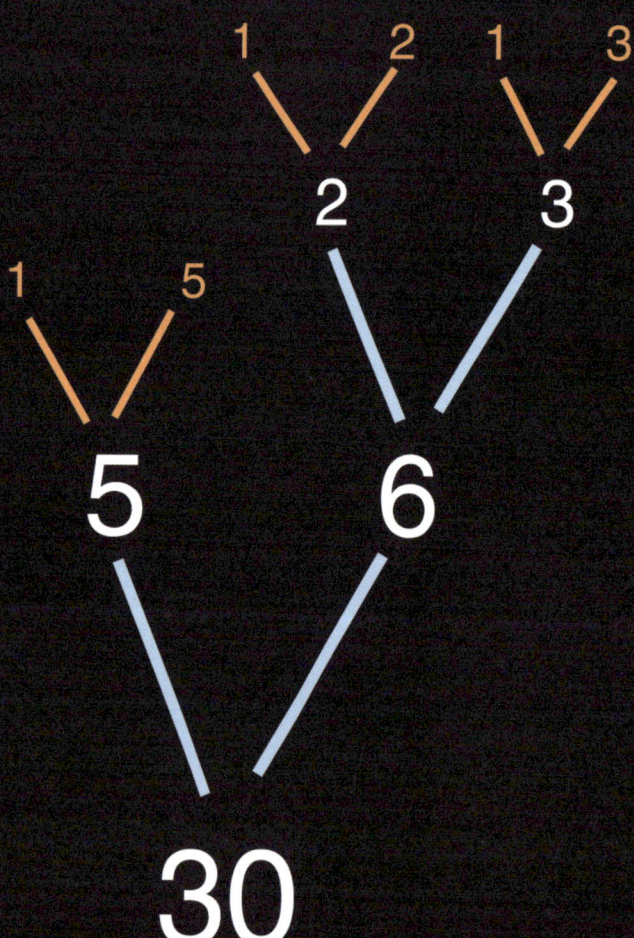

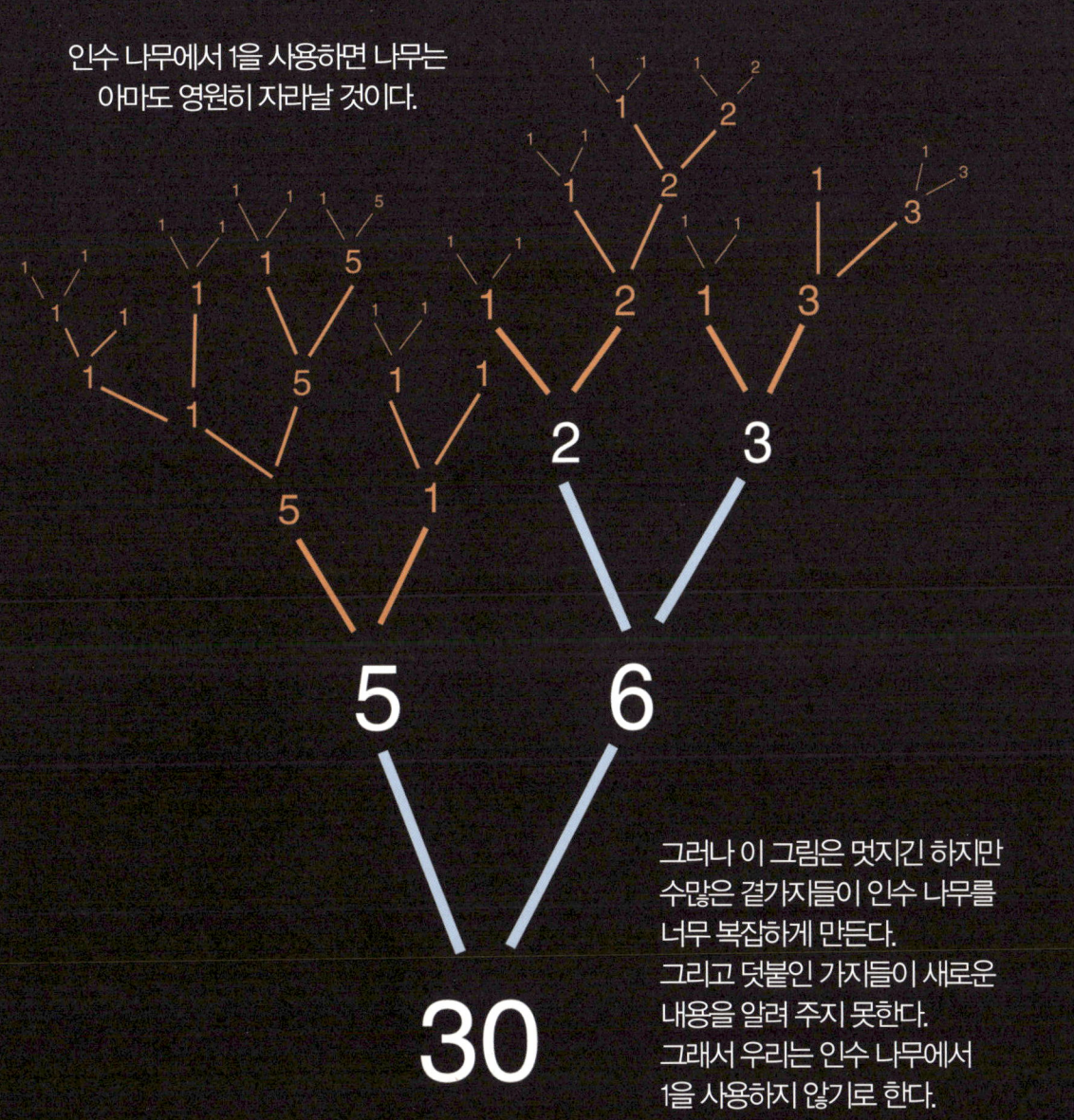

그래도 앞 페이지에서 보았던 커다란 인수 나무를 절대로 그릴 수 없는 것은 아니다.
아래의 그림에서 보듯이 그것은 우리가 어떤 숫자를 고르느냐에 따라서 달라지는데,
적당한 숫자를 고르면 규칙에 따르더라도 커다란 인수 나무를 그릴 수 있다.

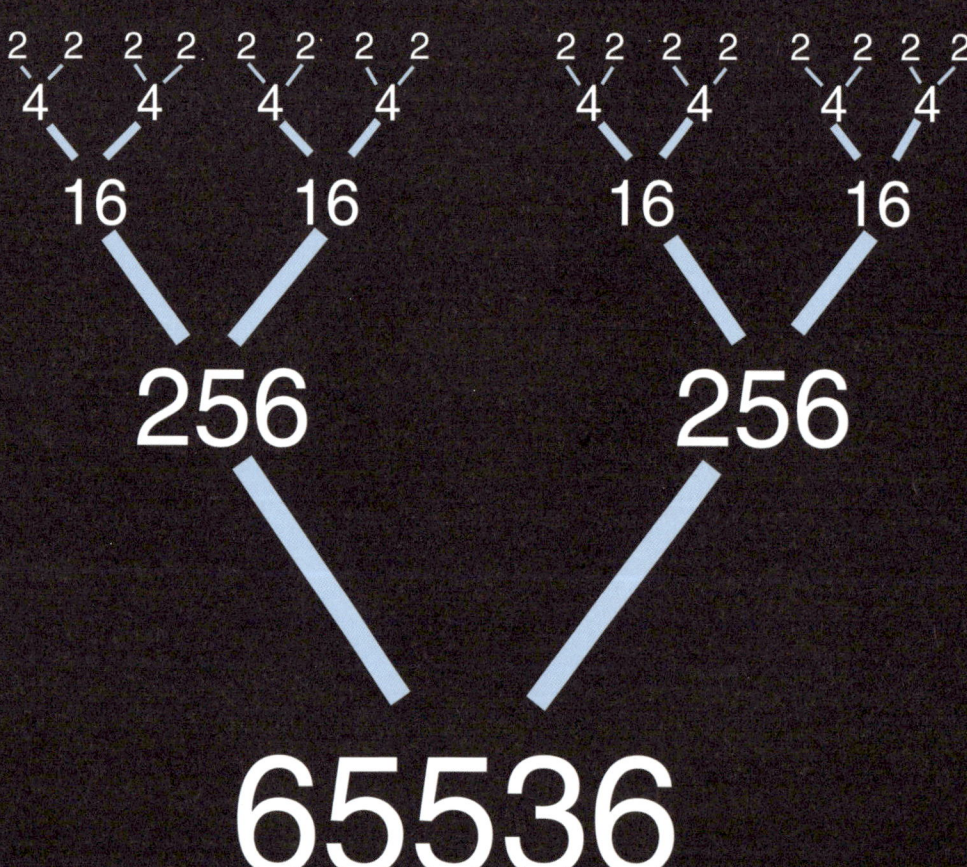

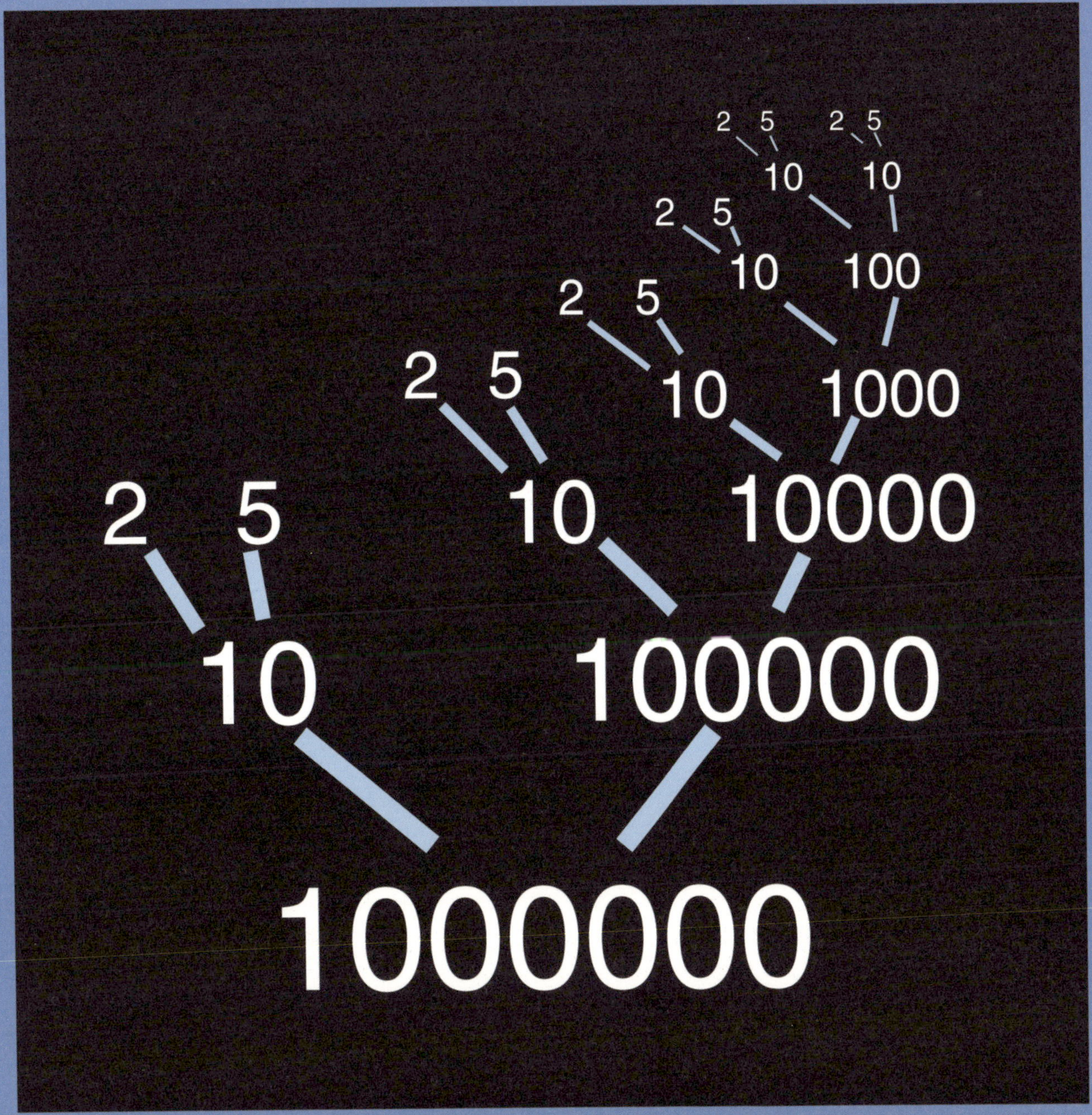
2 5 2 5
10 10
2 5
10 100
2 5
2 5 10 1000
2 5 10 10000
10 100000
1000000

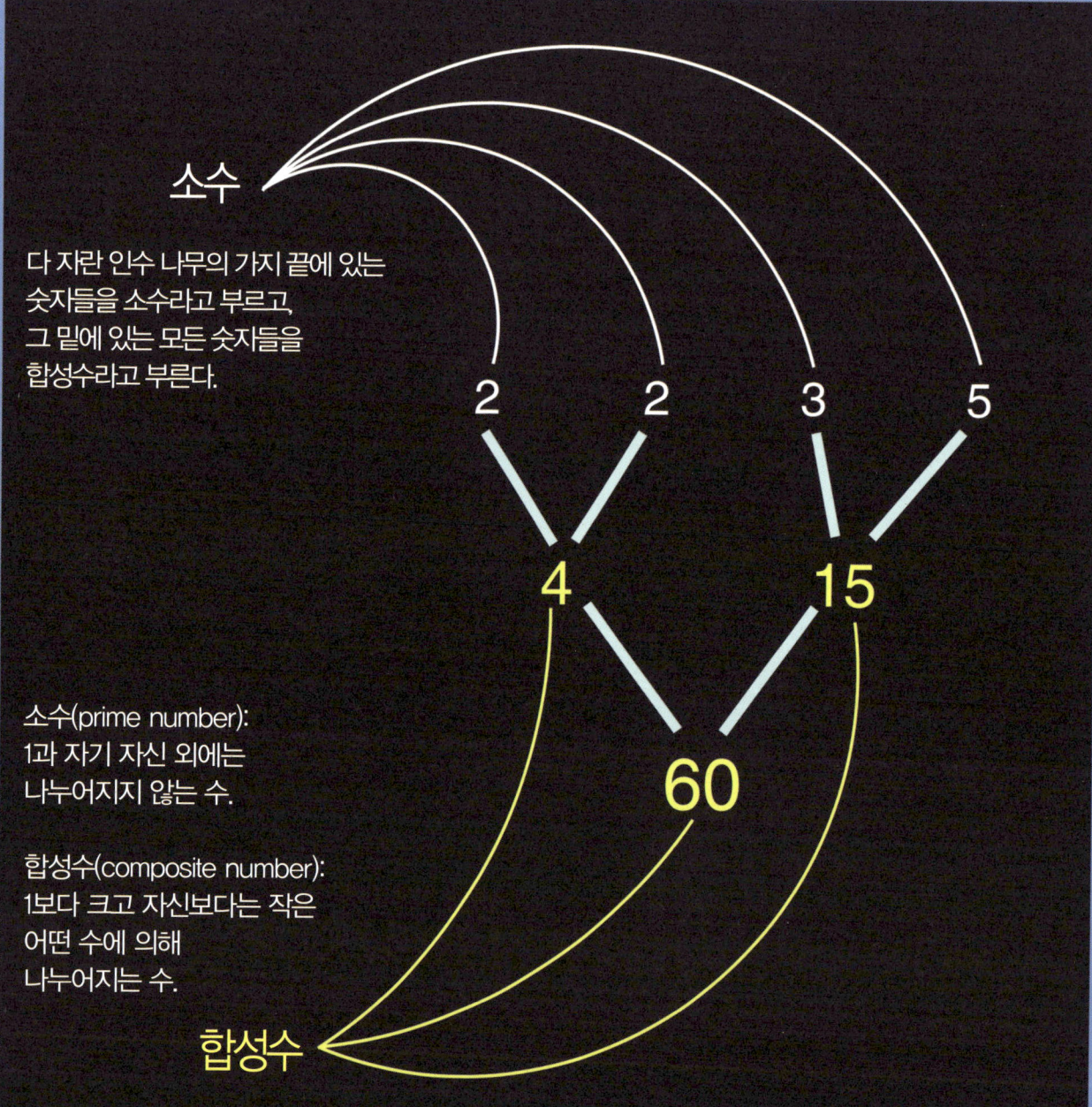

소수

다 자란 인수 나무의 가지 끝에 있는 숫자들을 소수라고 부르고, 그 밑에 있는 모든 숫자들을 합성수라고 부른다.

소수(prime number):
1과 자기 자신 외에는
나누어지지 않는 수.

합성수(composite number):
1보다 크고 자신보다는 작은
어떤 수에 의해
나누어지는 수.

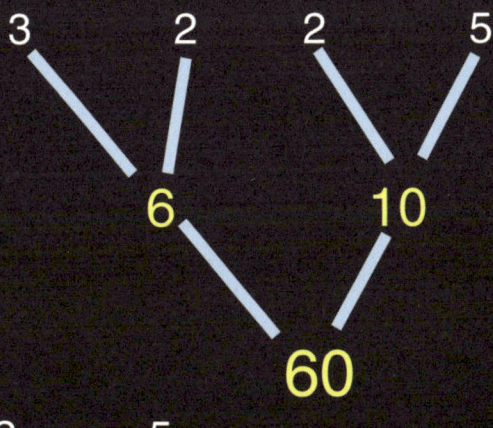

한 숫자는 보통 여러 개의 다른 인수 나무로 그릴 수 있지만, 각각의 인수 나무들의 가지 끝에 있는 소수들을 모두 순서대로 나열하면 똑같다. 옆의 그림에서 보듯이 60은 두 개의 서로 다른 인수 나무로 그릴 수 있지만 가지 끝에 있는 소수들은 2, 3, 5로 모두 같다.

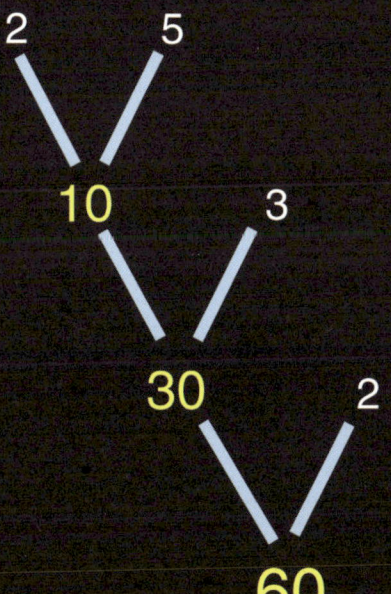

이 두 개의 인수 나무들로부터 60 = 2 x 2 x 3 x 5임을 알 수 있다. 이것은 60을 소수들의 곱으로 쓴 것이다.

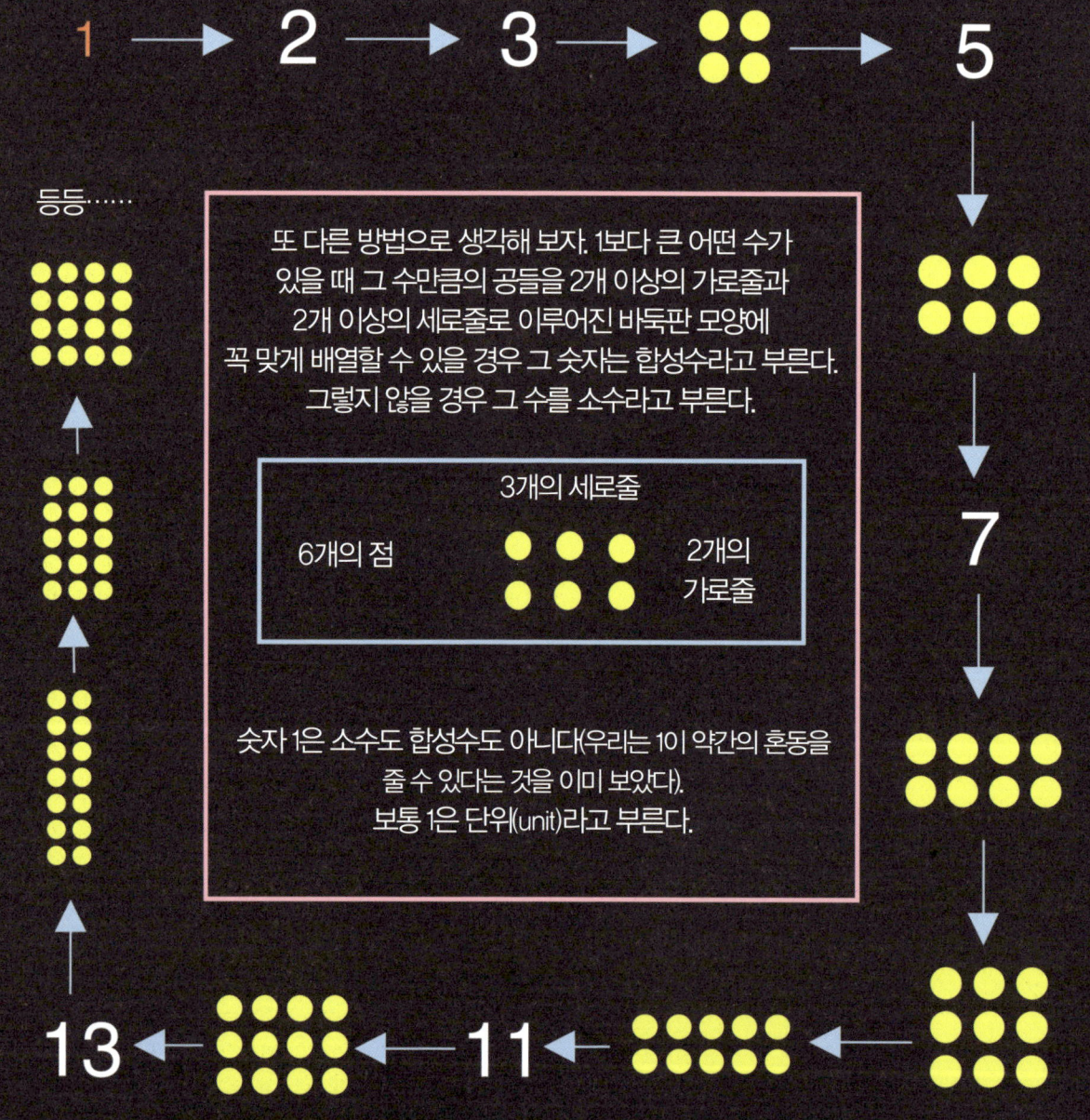

100보다 작은 소수들   2   3   5

97

89

83

79

73

71

67

61   59   53   47   43   41   37   31

7

11

13

17

19

23

29

모든 합성수는 소수들의 곱하기로 쓸 수 있다.
곱하기를 할 때 소수들은 정수를 만드는
기본단위 역할을 한다.
소수에 대해서 알아야 할 것이 많은데
그중 두 가지를 이 책의 마지막 부분에서 설명할 것이다.

첫 번째는 어떤 큰 수보다 작은 소수들을
모두 찾는 방법이다.

두 번째는 소수들을 왜 영원히 계속
찾을 수 있는가이다.

아직도 소수들에 대해 알려지지 않은 것들이 많다.
예를 들면 상당히 큰 합성수를 소수들의 곱으로
얼마나 빨리 쓸 수 있는지를 알 수 없다.

이 책에서는 2부터 100까지의 숫자들을 소수들의 곱으로 보여 줄 것이다.
각 숫자로 인수 나무를 만들고 공들을 배열하여 그 특성을 보여 줄 것이다.

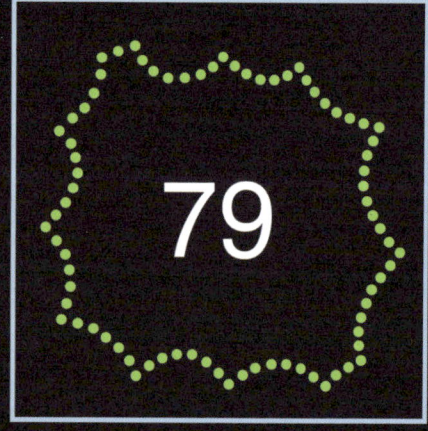

소수들은 인수 나무 끝의 한 점이지만, 이 소수들은 공을 재미있게 배열하여 그릴 수 있다.
여기서 몇 개의 그림을 본보기로 그려 보았다.

각각의 소수를 서로 다른 모양의 도깨비라고 생각해 보자. 여기에 소수 2라는 도깨비가 있다.
각각의 도깨비는 그 숫자를 상상할 수 있게 해 준다.

예를 들면 도깨비 2는 두 개의 큰 눈을 가지고 있다.
하지만 어떤 도깨비들은 그 숫자를 상상하기 위해서 모양을 자세히 살펴보아야 한다.

여기에 소수 2, 3, 5, 7의 도깨비들이 있다.

합성수를 소수들의 곱으로 쓰고,
그 소수의 이름을 가진 도깨비들로 재미있는 그림을 그려 보자.

이것은 14 = 2 × 7을 설명하는 그림이다.

각 그림에서 도깨비들을 알아보는 것이 늘 쉬운 일은 아니다.
예를 들면 숫자 56의 그림이 있다.
숫자 7 도깨비의 주변에 3개의 숫자 2 도깨비들이 돌아다니는 것을 찾을 수 있다.

이것은 56 = 2 x 2 x 2 x 7임을 알려 준다.
다른 그림에서도 도깨비들을 찾아내는 것이 이 책을 읽는 즐거움 중의 하나이다.

여러 가지 그림에서 볼 수 있듯이 도깨비들이 함께 어울릴 때
서로가 영향을 받아 다른 모습으로 변한다고 상상해 보자.

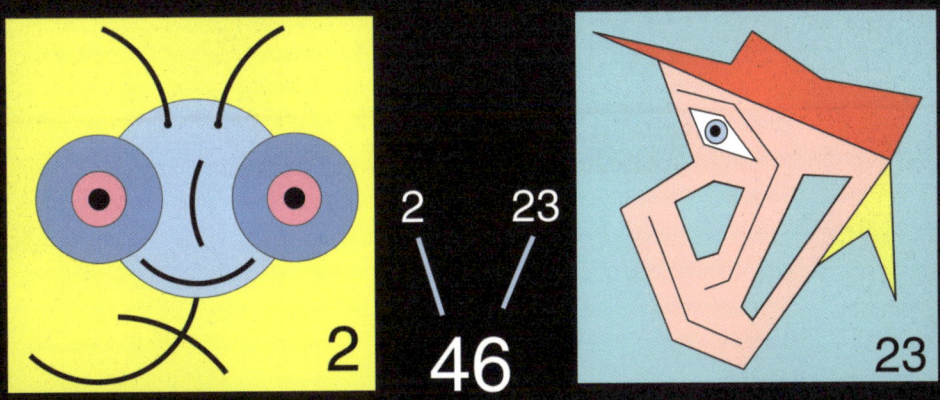

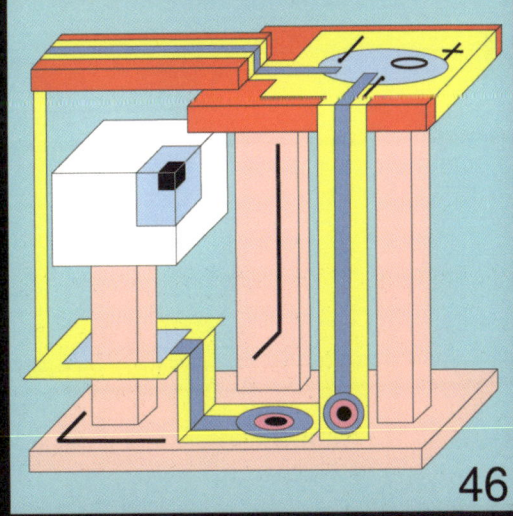

사람들도 그렇듯이 말이다!

시작하기 전에 우리가 알아야 할 것이 한 가지 더 있다.

숫자 1은 소수도 합성수도 아니지만,
숫자 1이라고 부르는 도깨비가 있다.
이 도깨비는 다른 도깨비들과 어울릴 수 없기 때문에
조금 실망스런 표정이다.

자, 이제 도깨비들이 등장한다!

30

● 2 ●

32

3

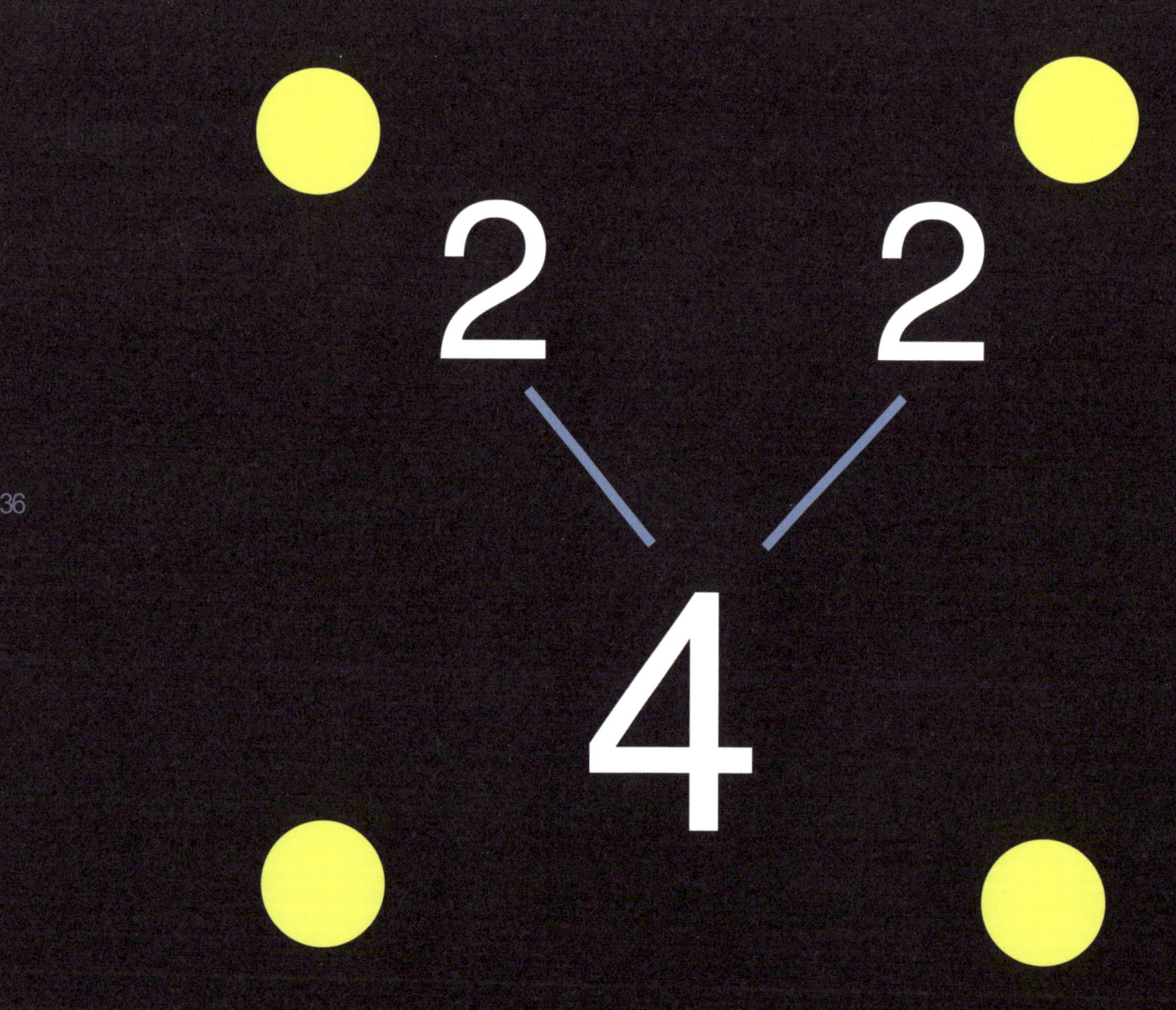

5

2   3

6

40

2 2
  \ /
2 4
 \ /
  8

3 3
 \ /
  9

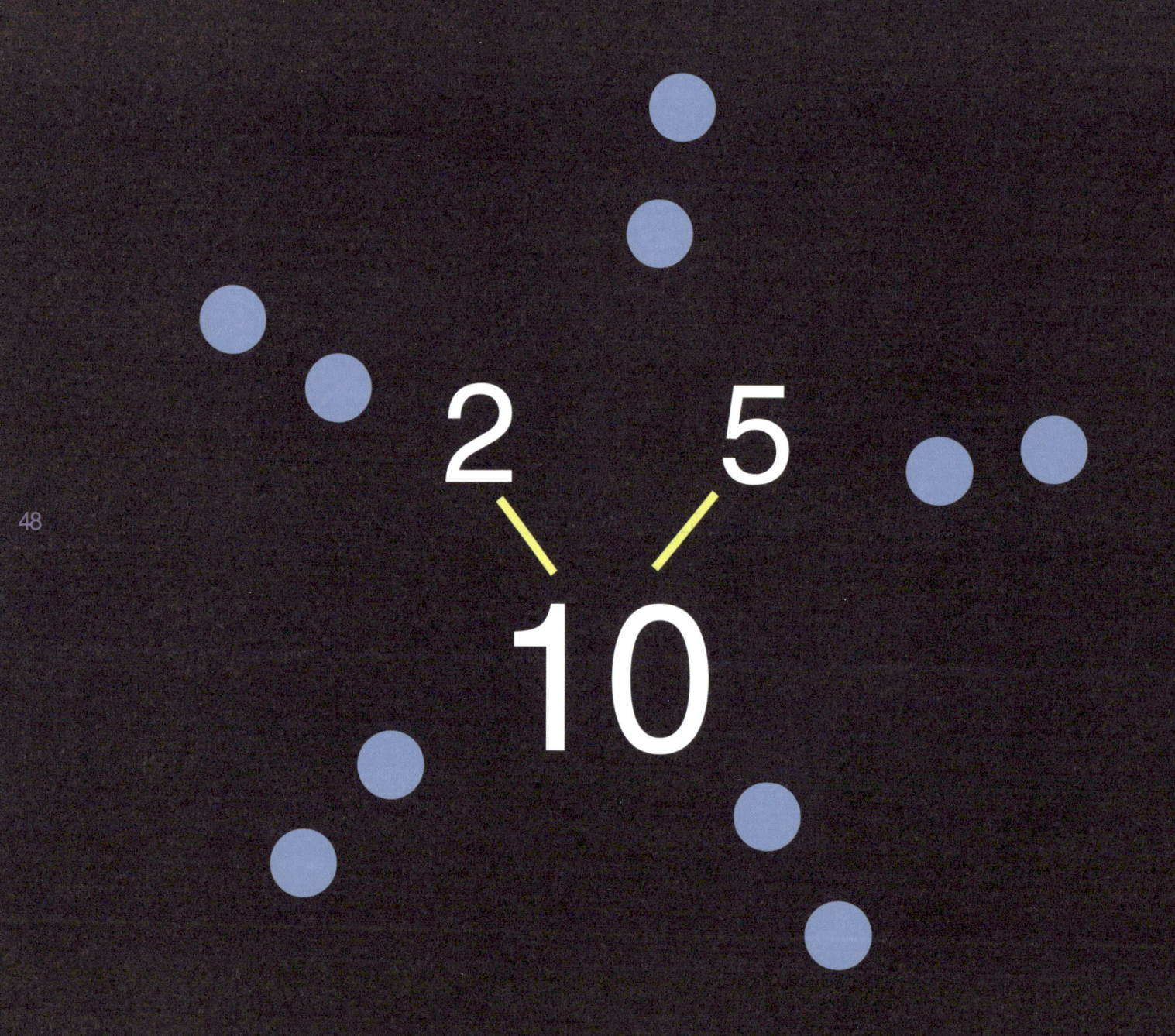

50

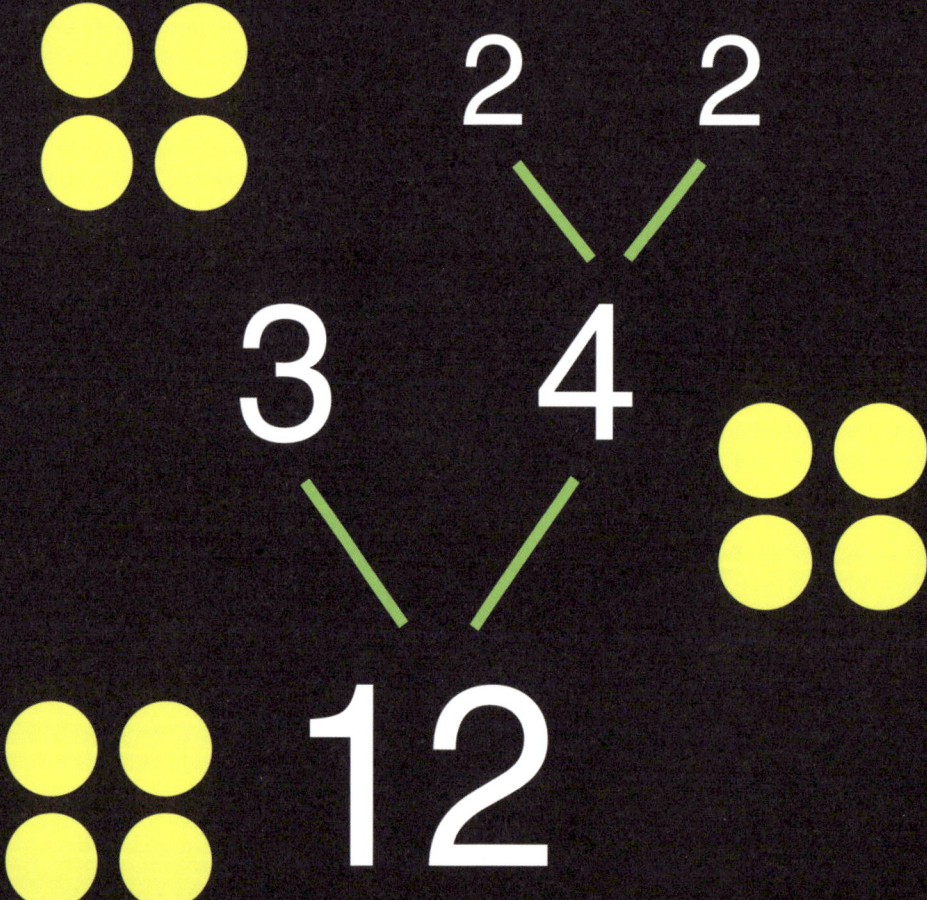

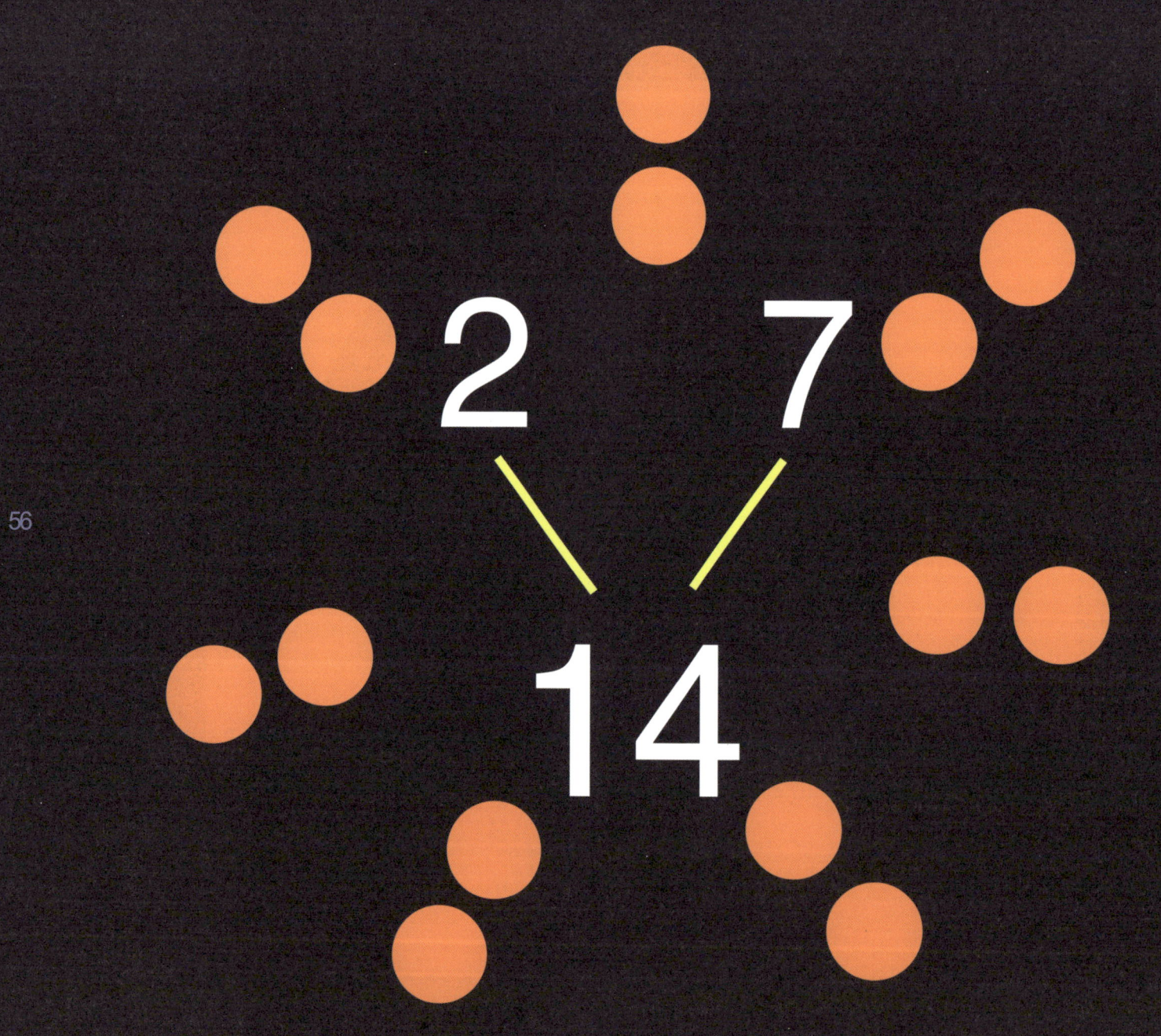

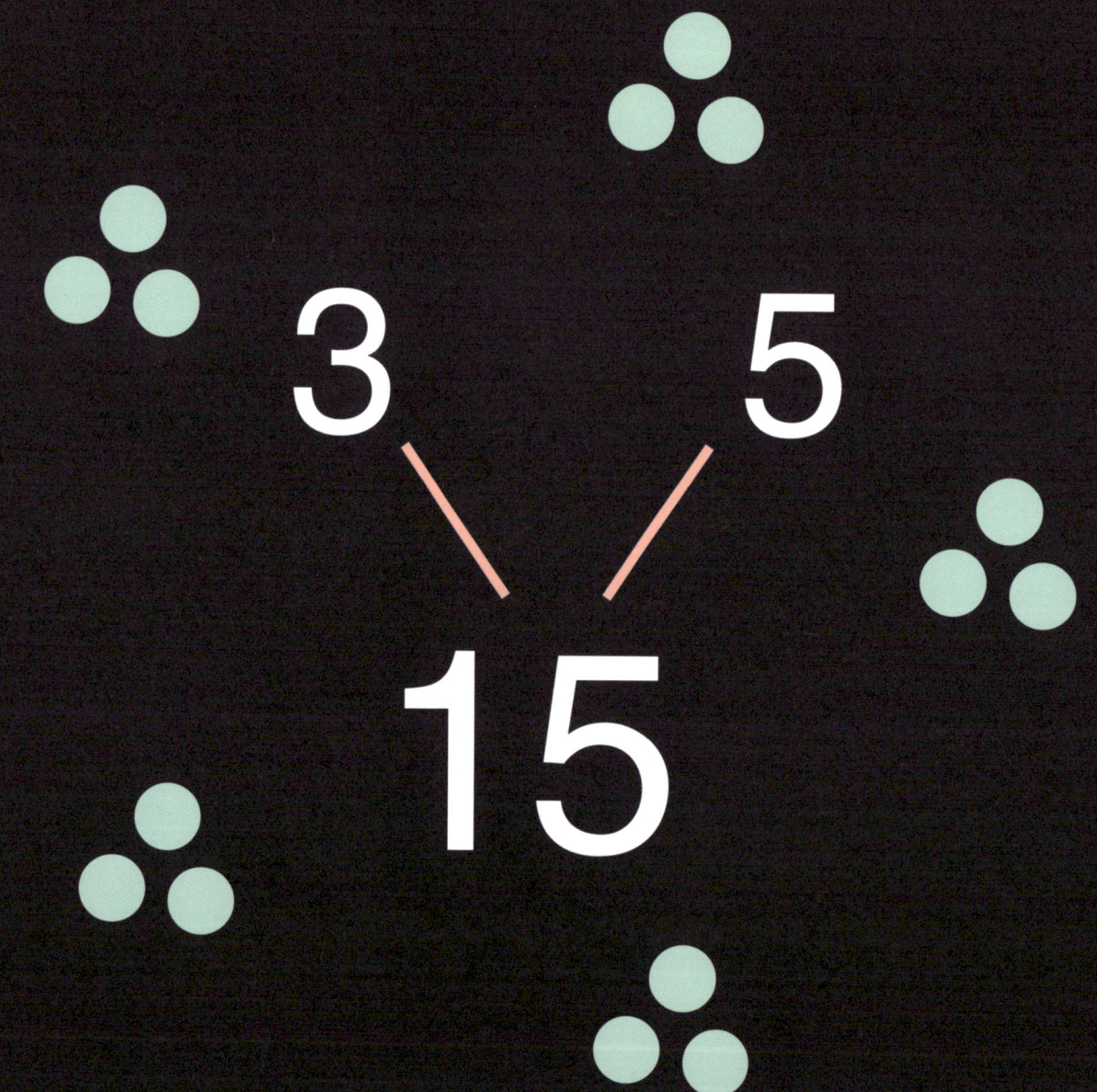

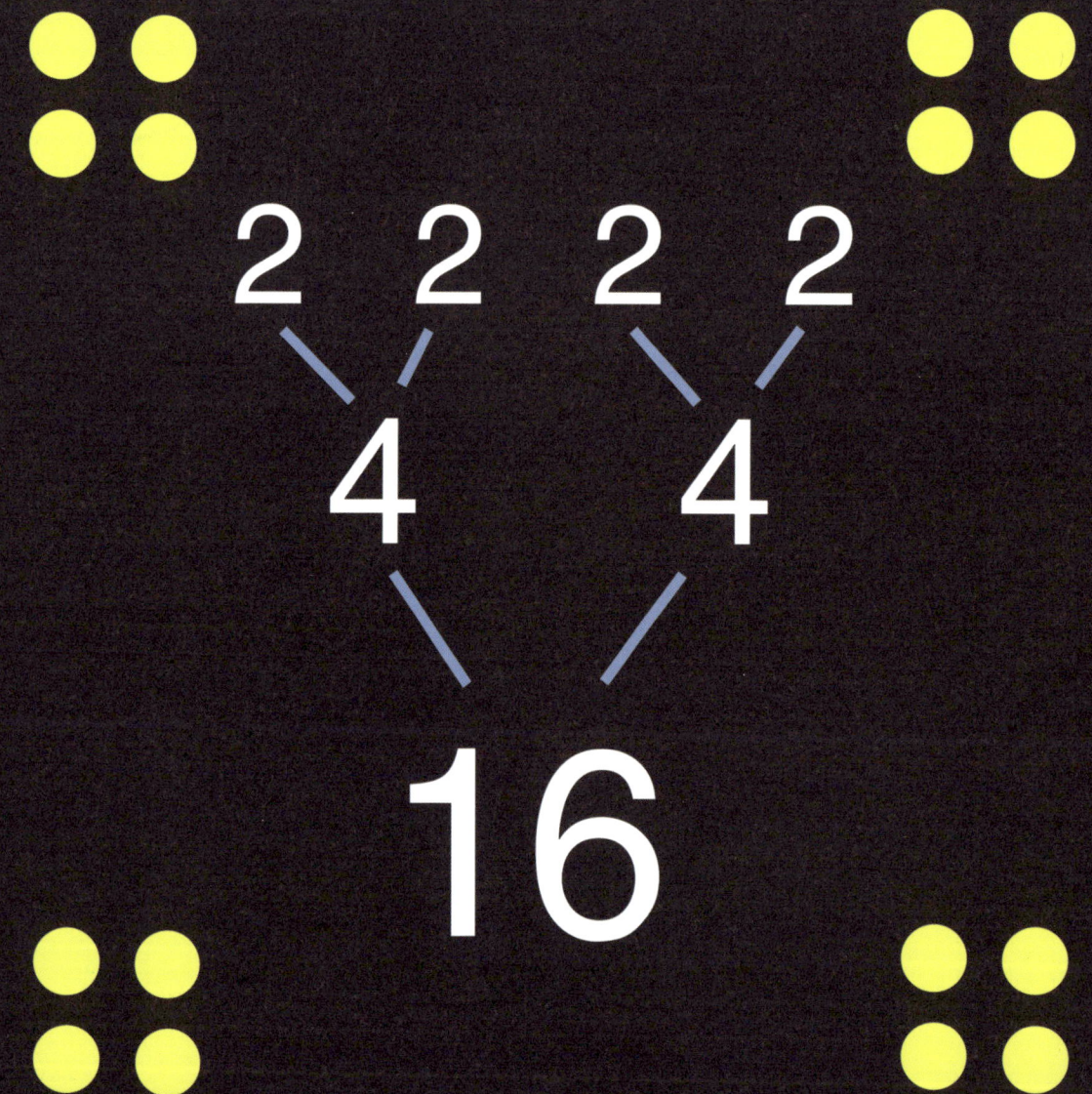

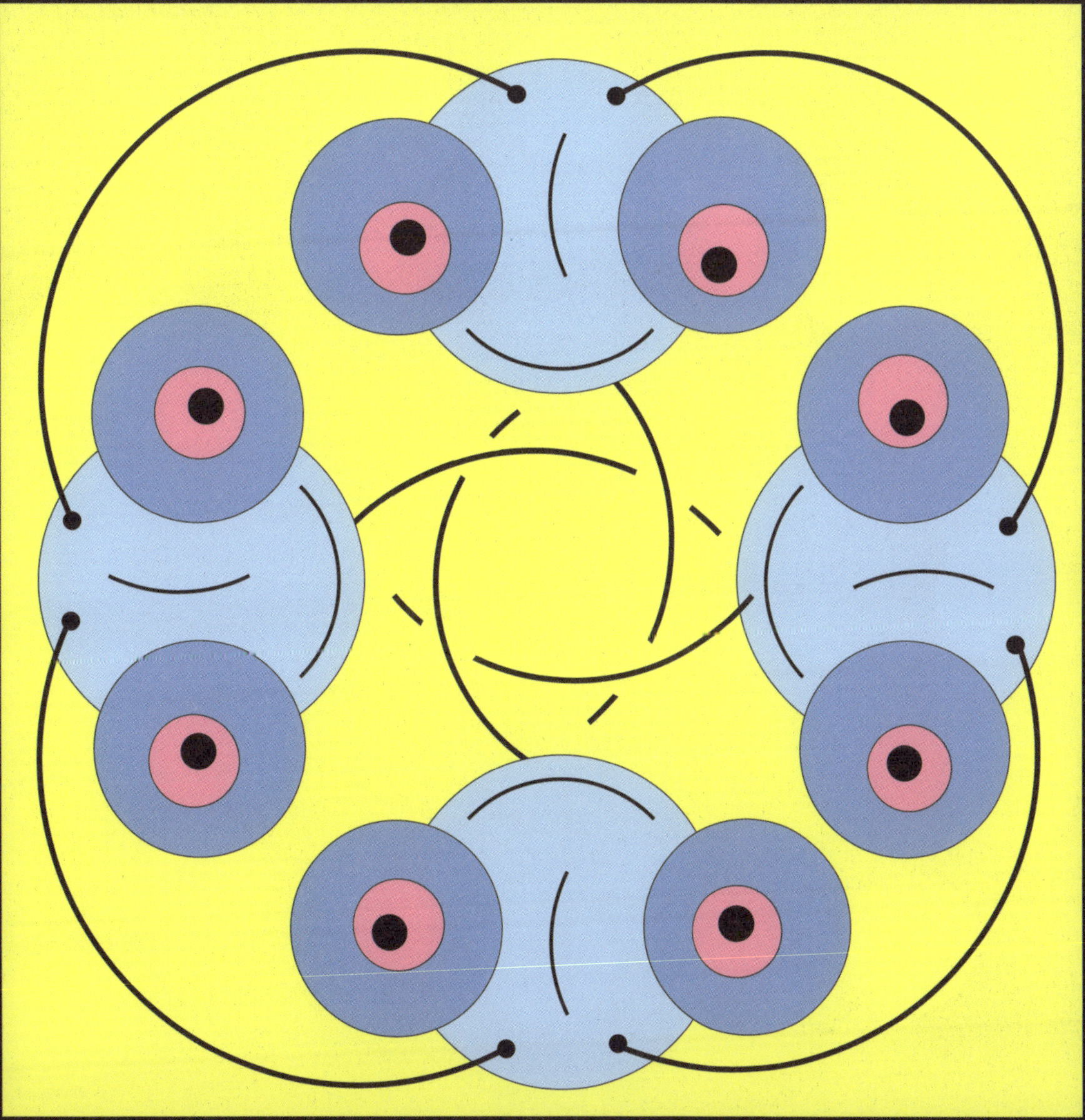

3 3
2 9
18

2   5
 \ /
2 10
 \ /
  20

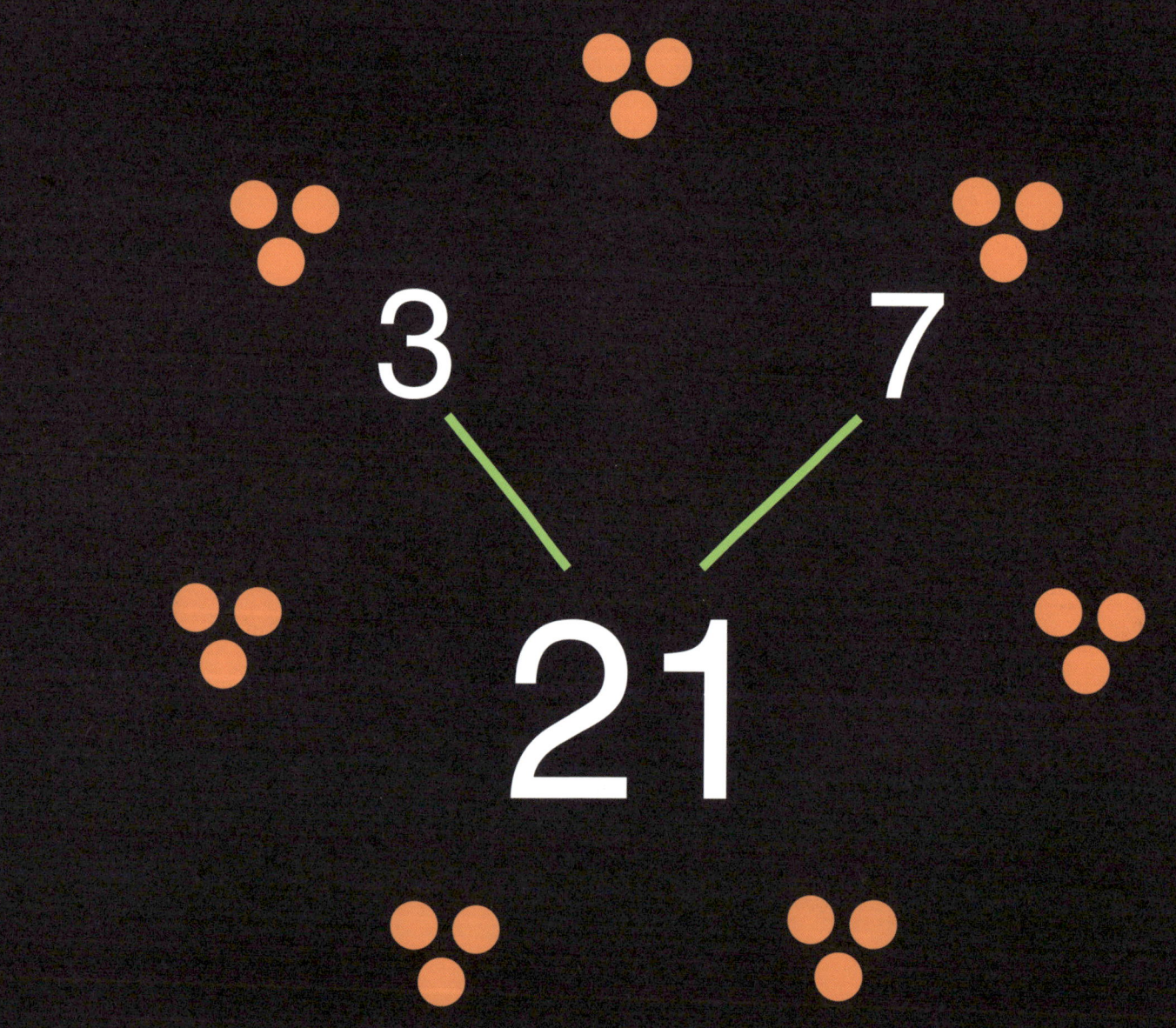

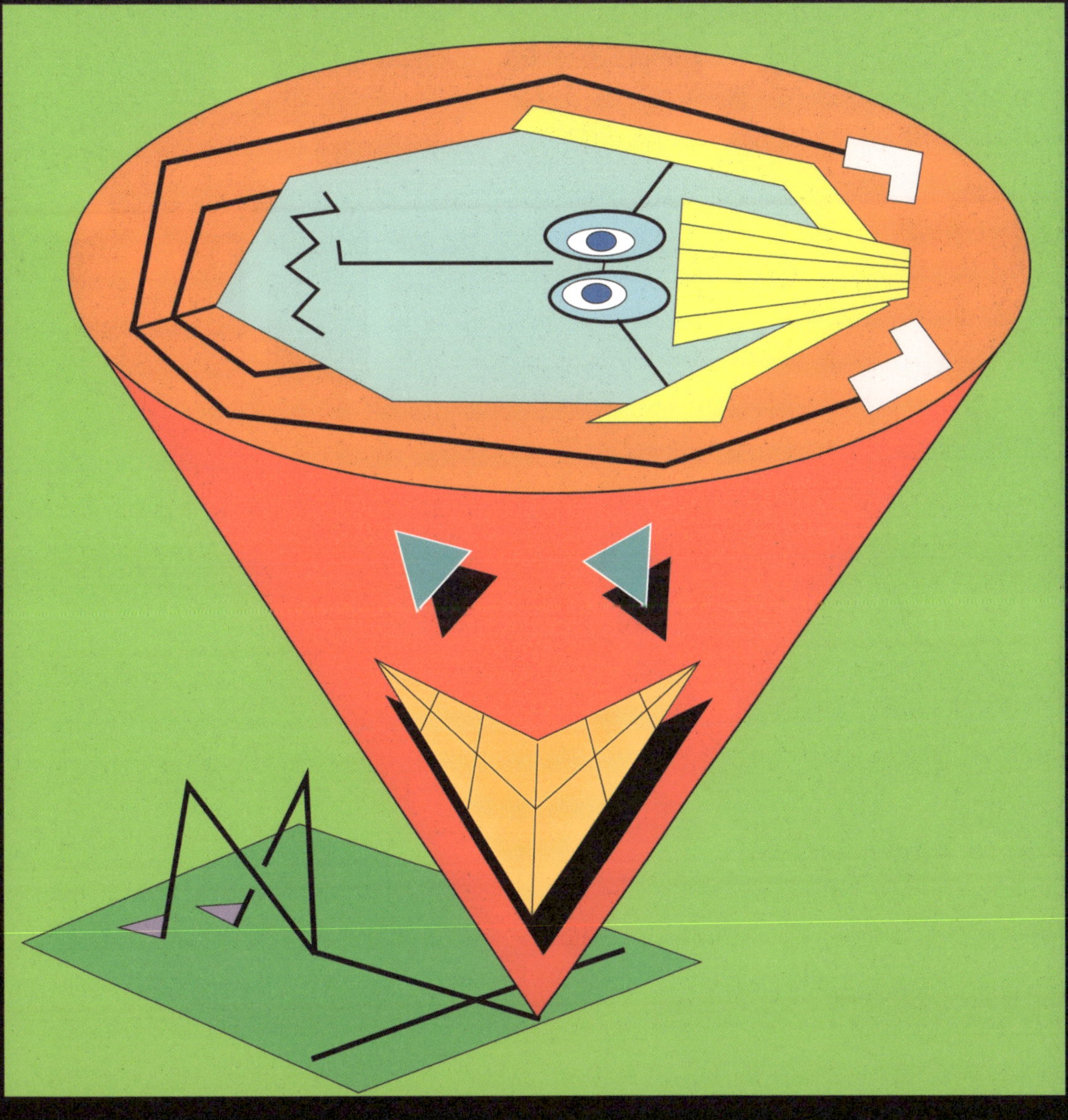

71

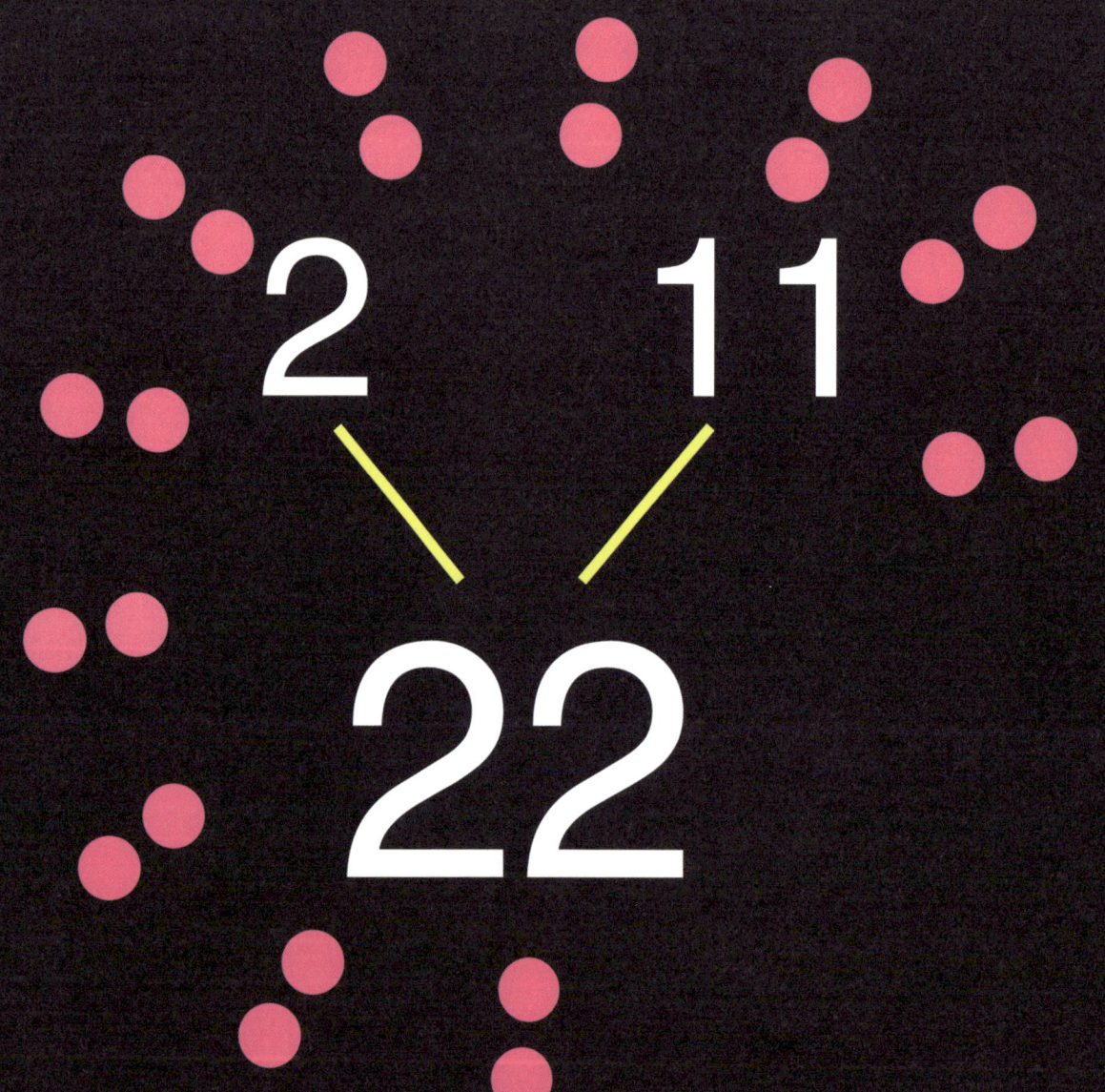

23

74

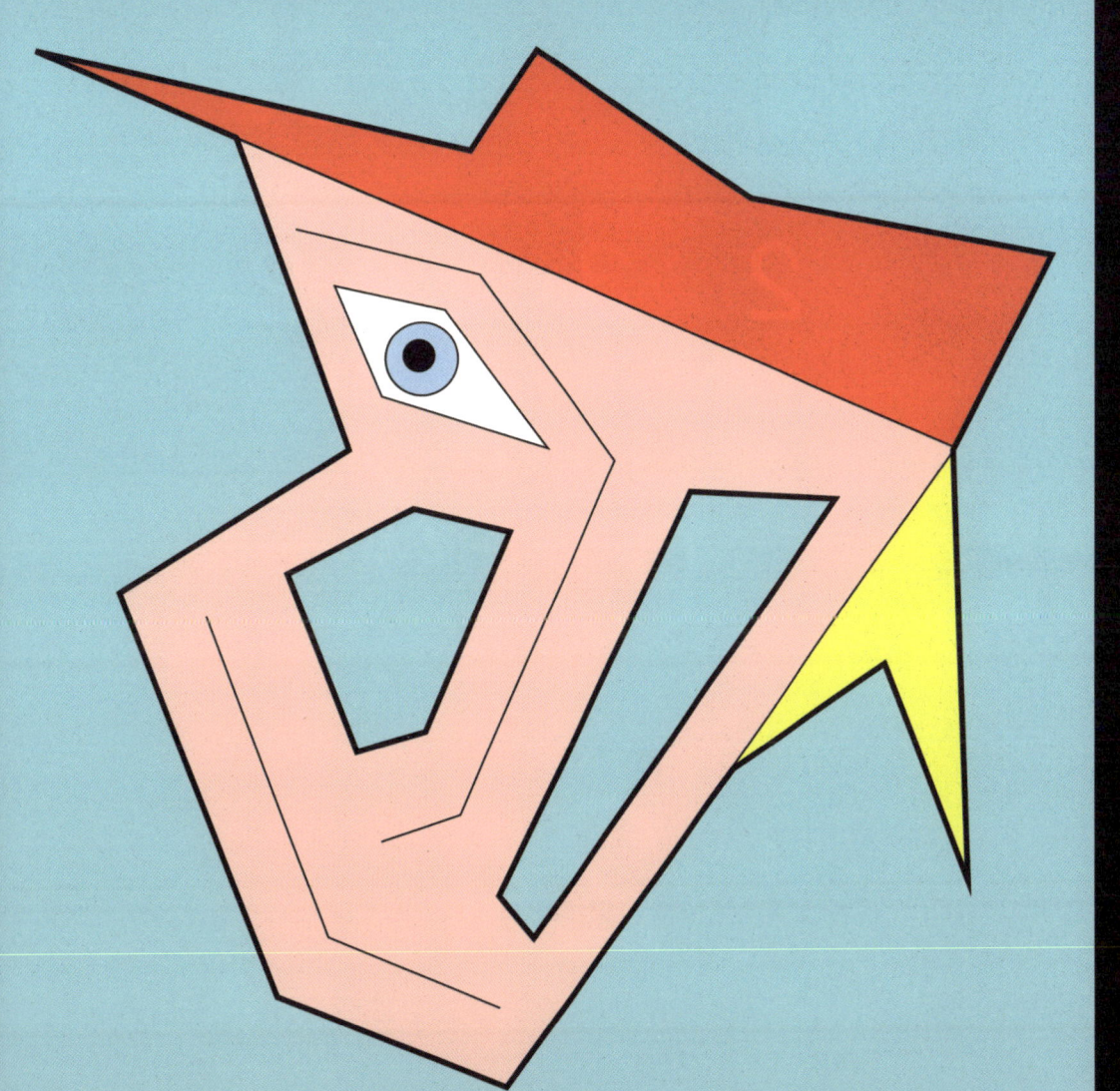

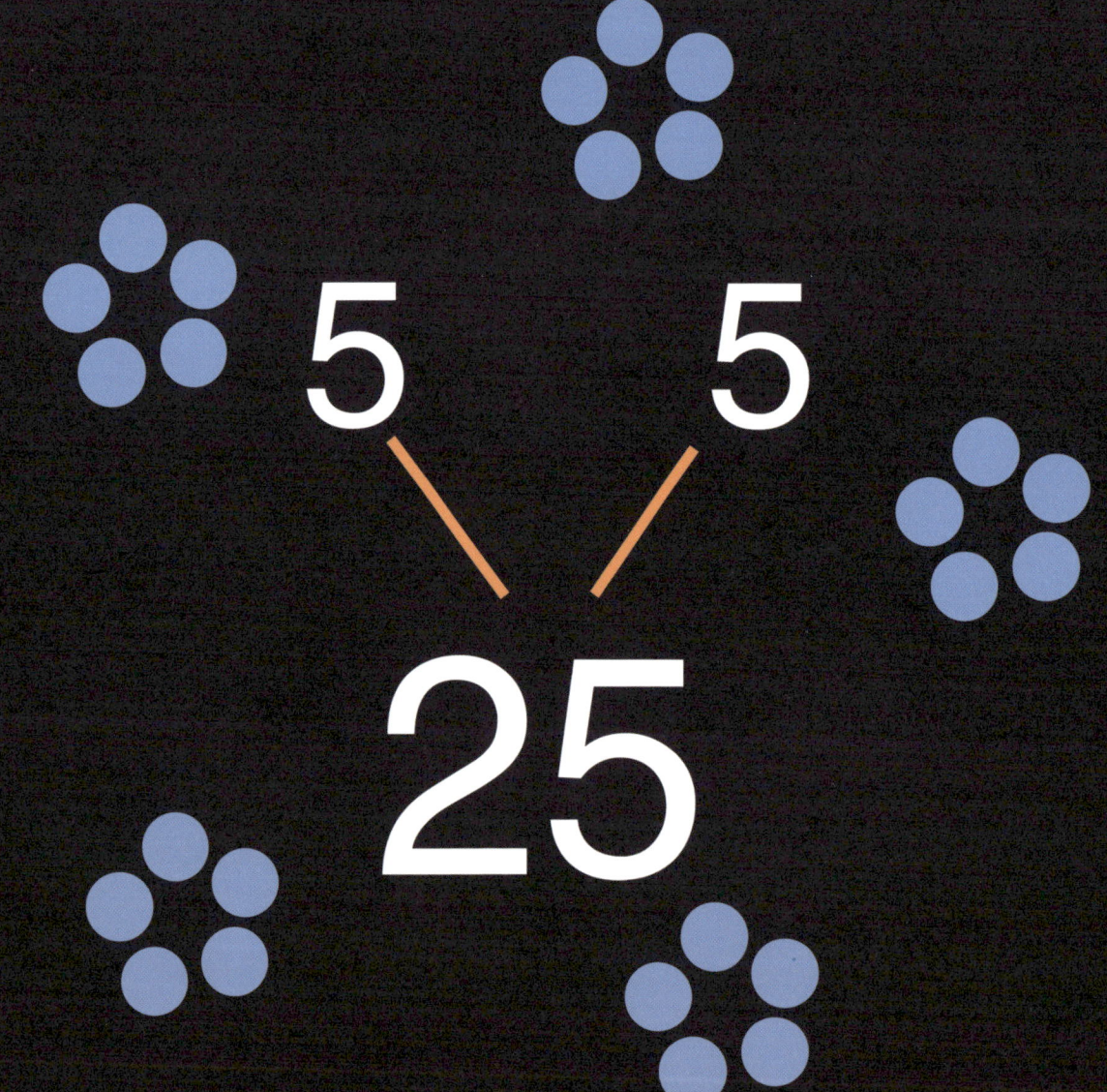

79

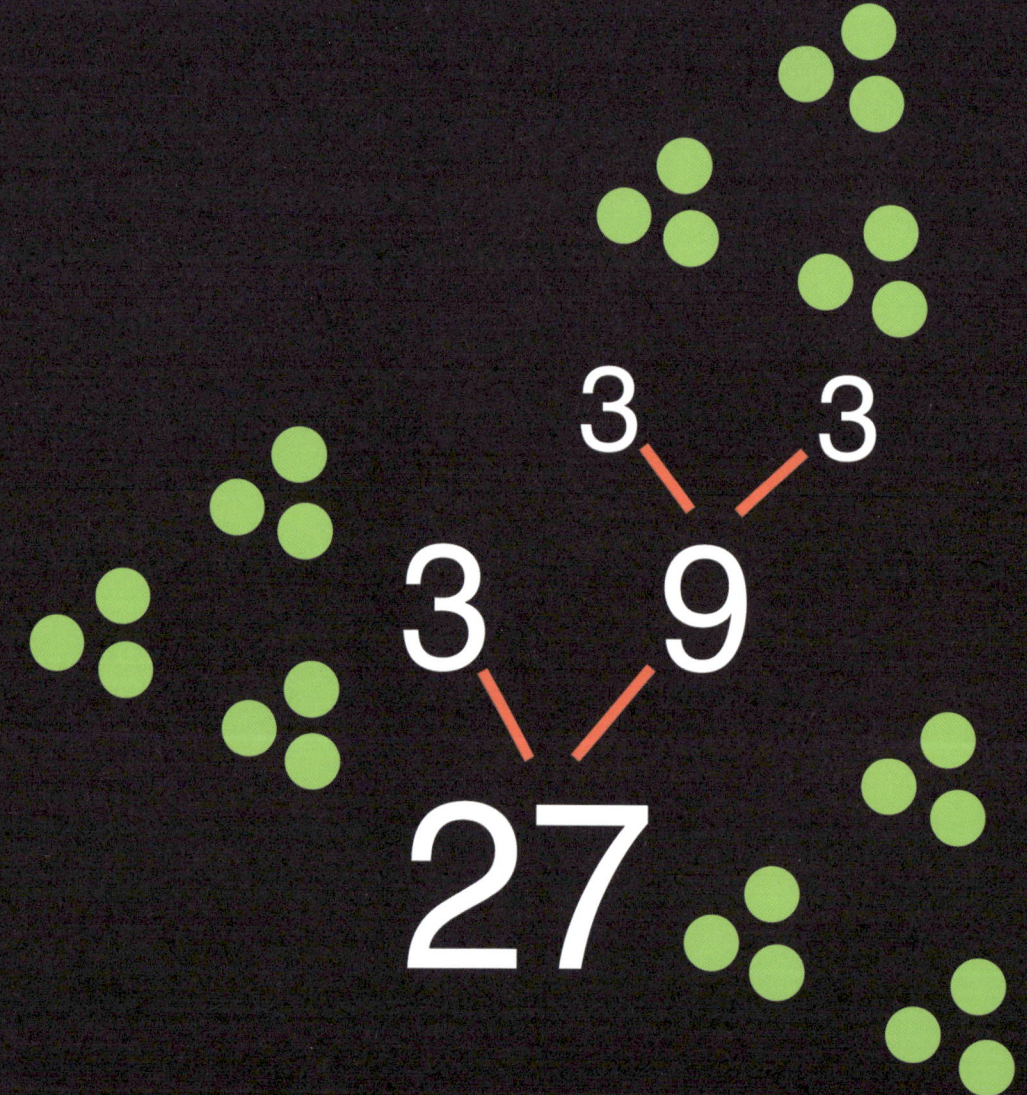

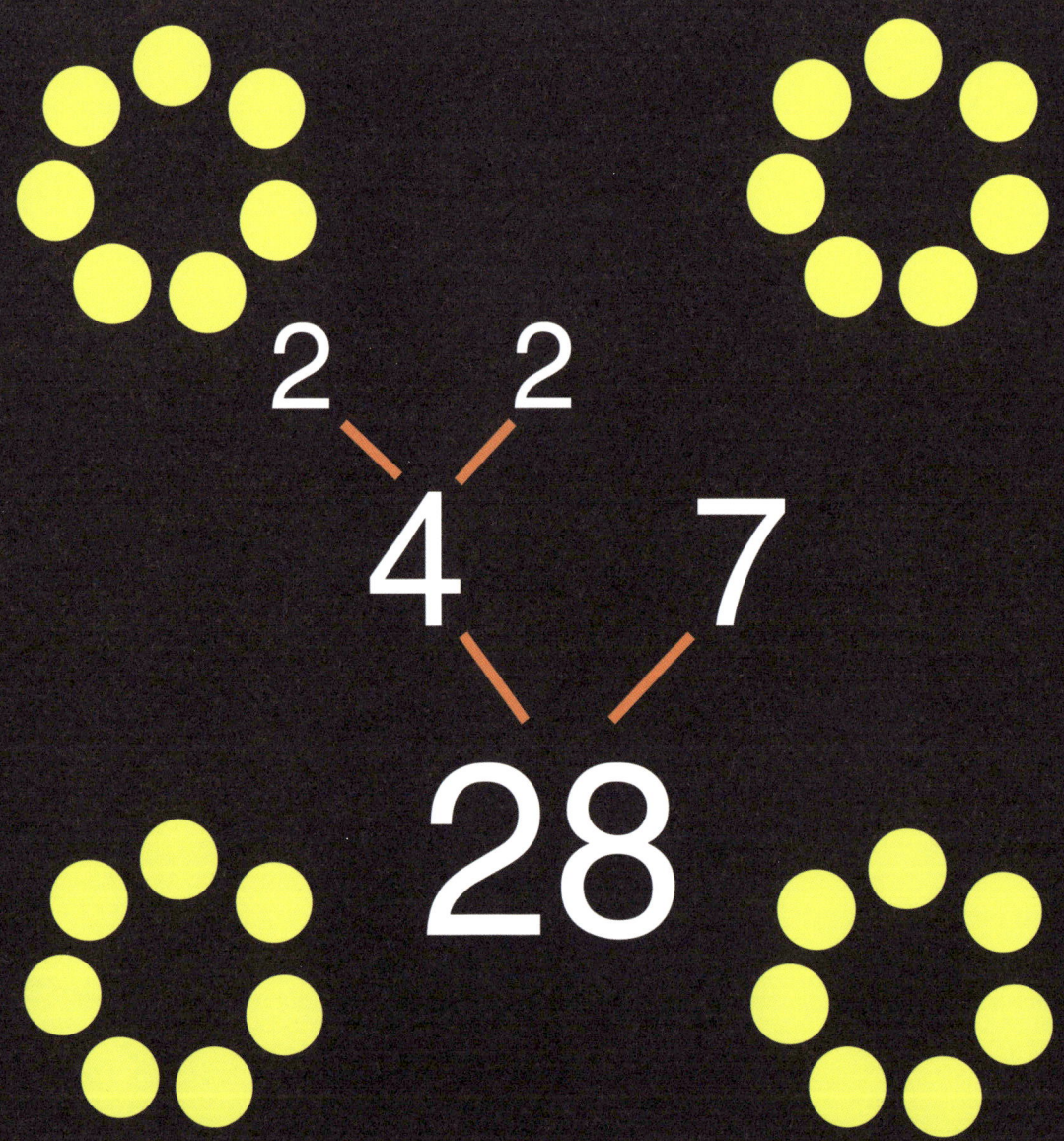

29

86

31

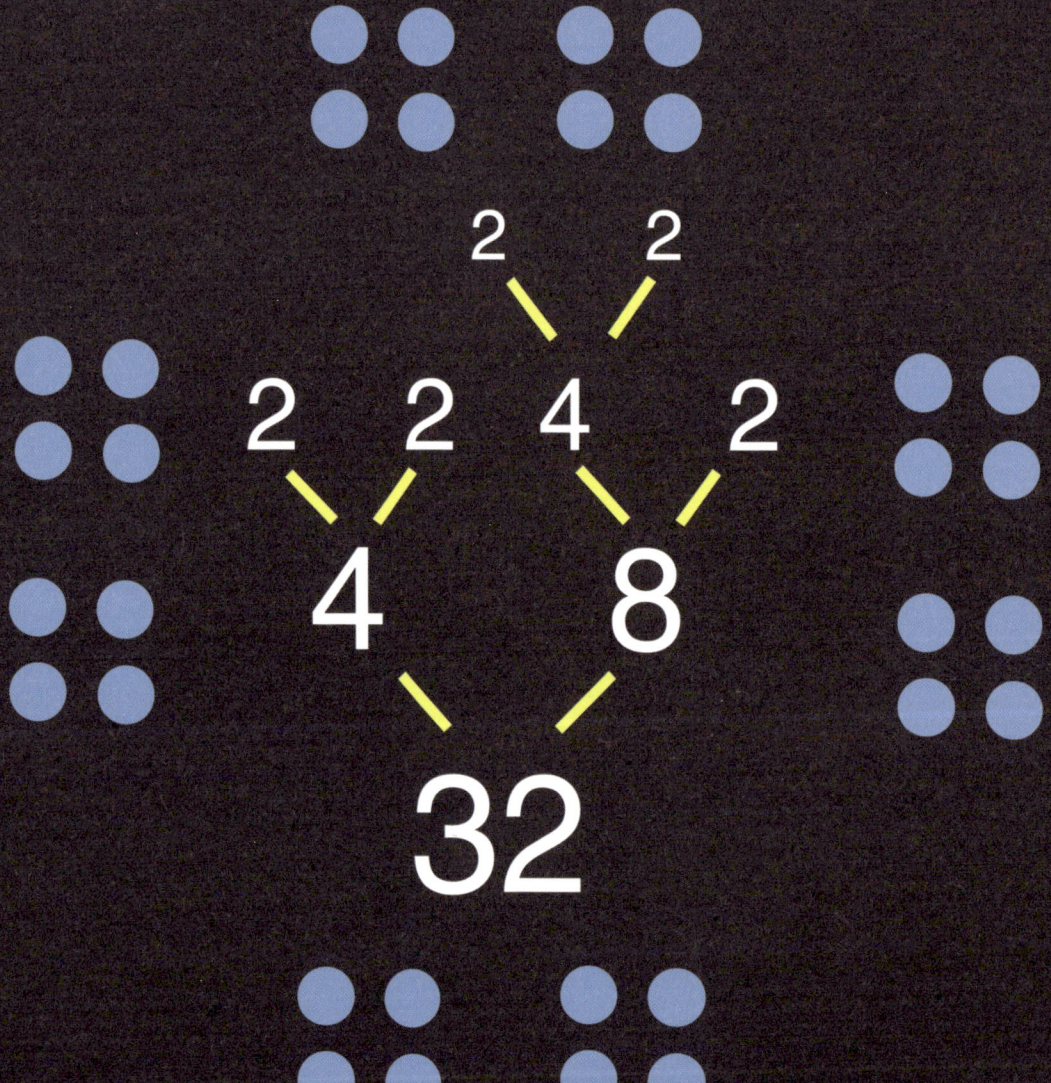

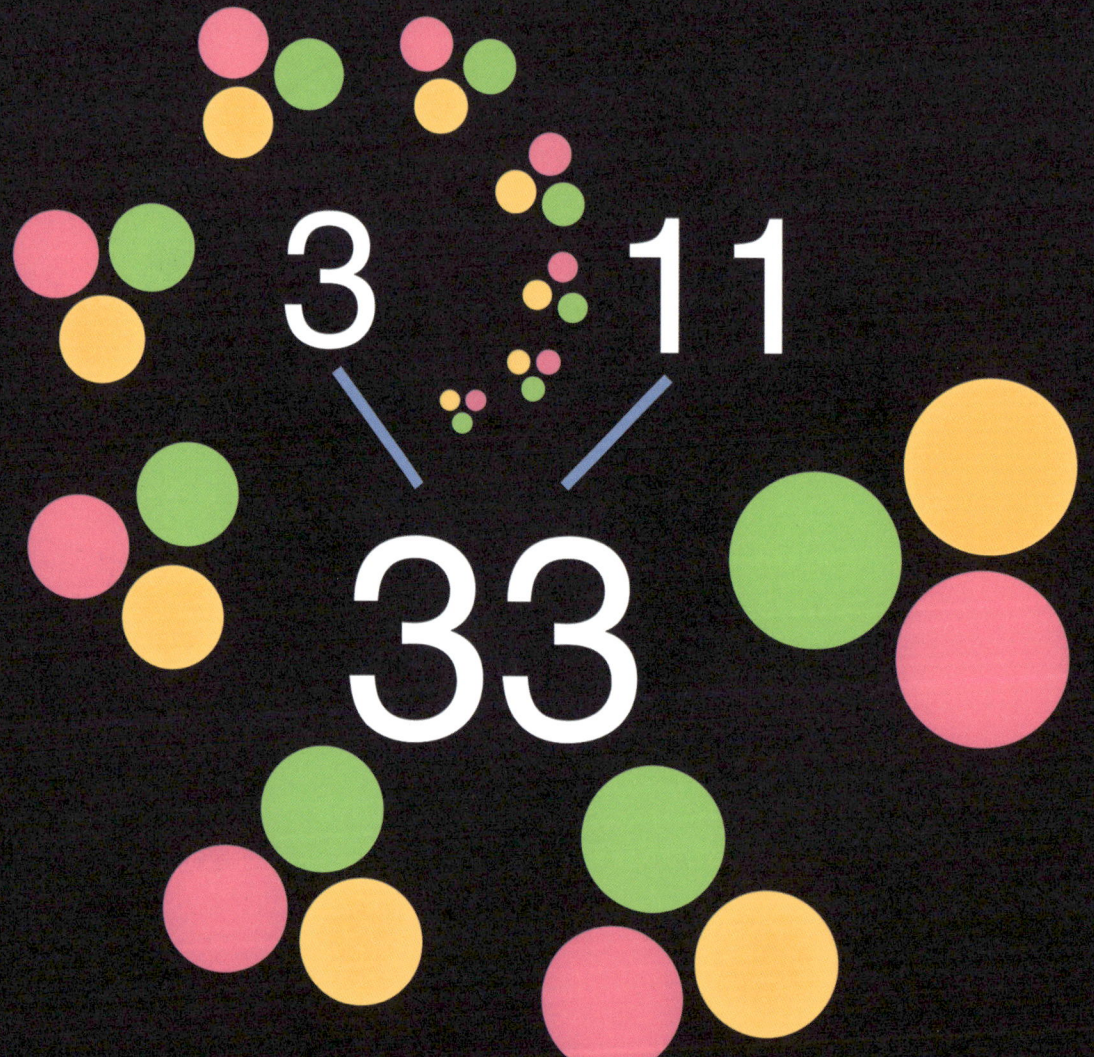

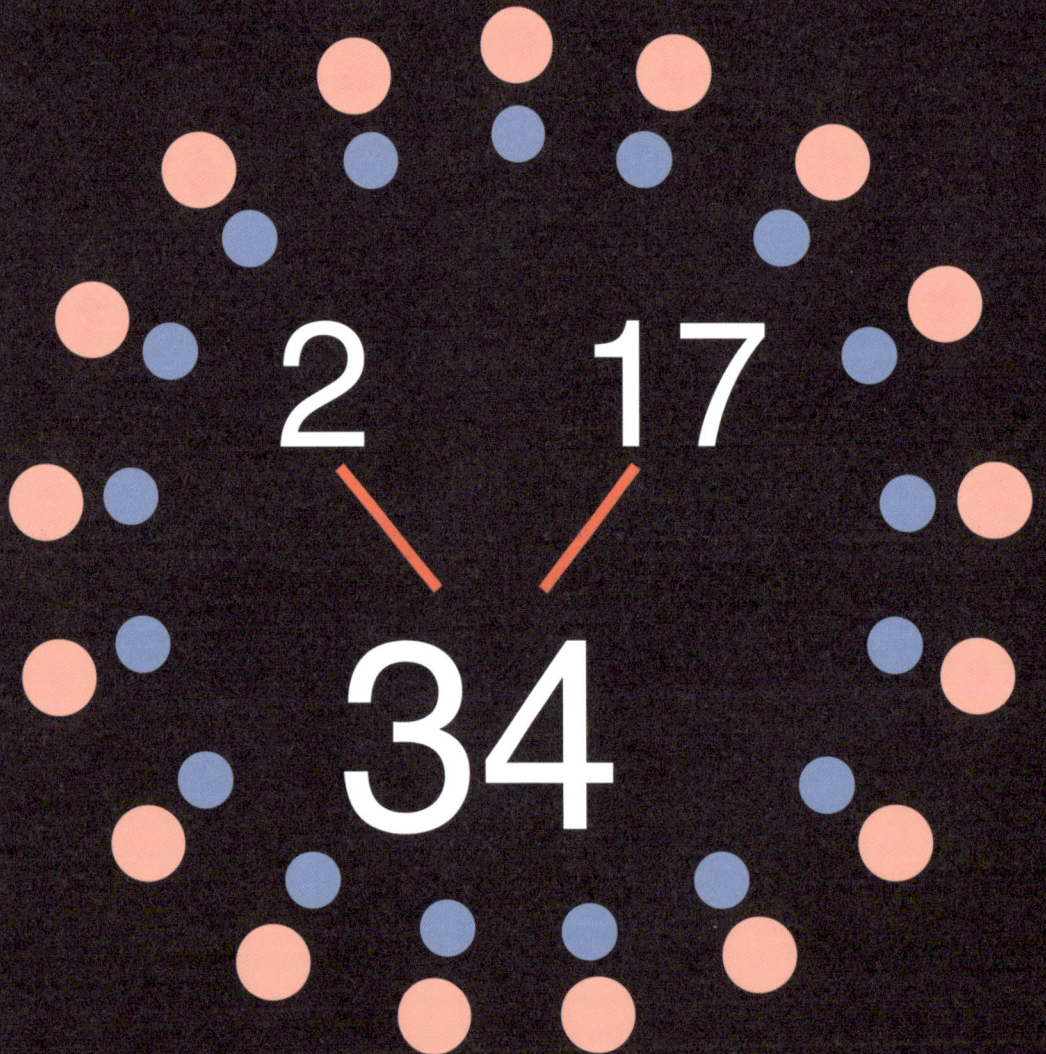

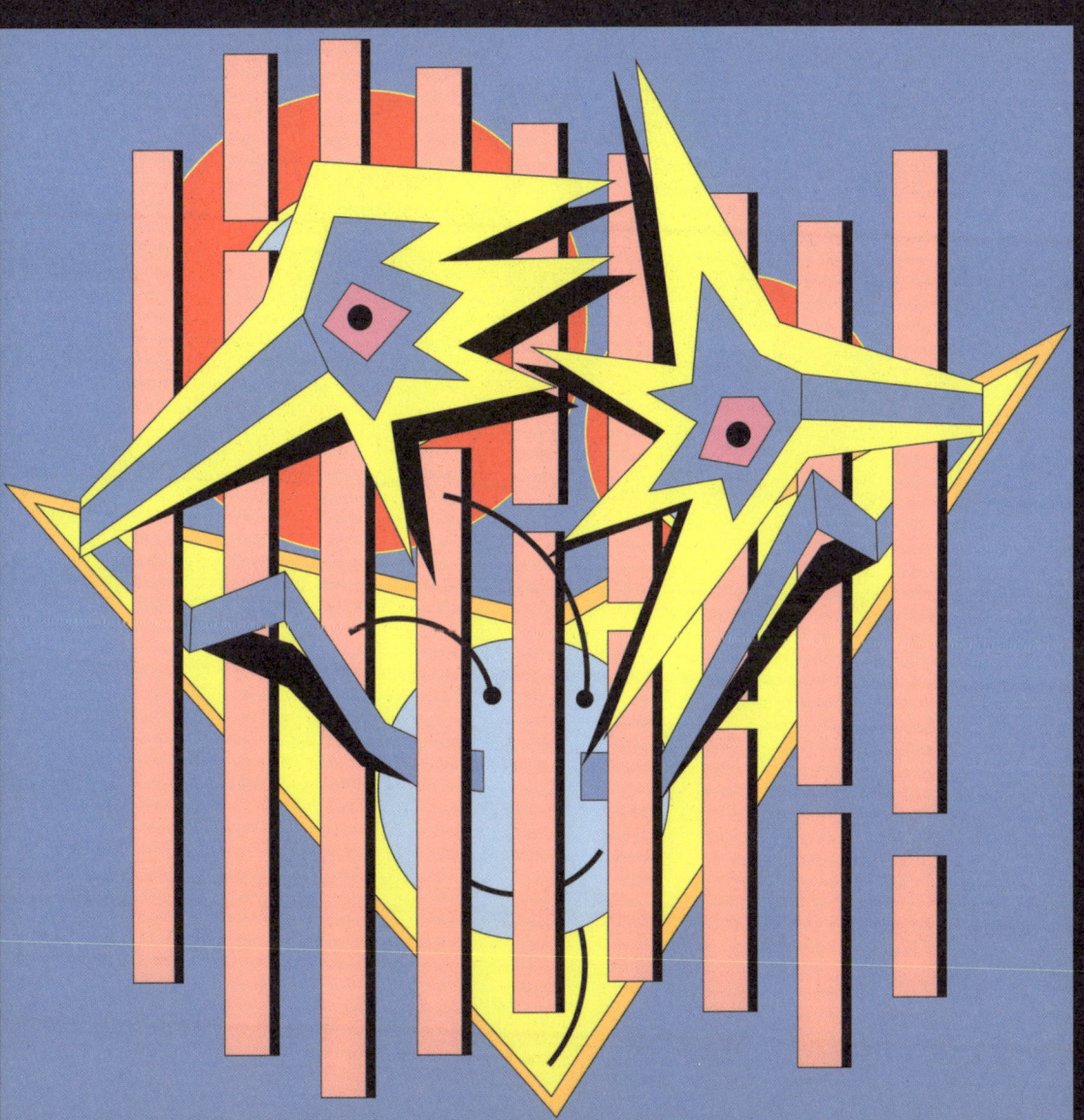

2 3   2 3

6   6

36

3 13

39

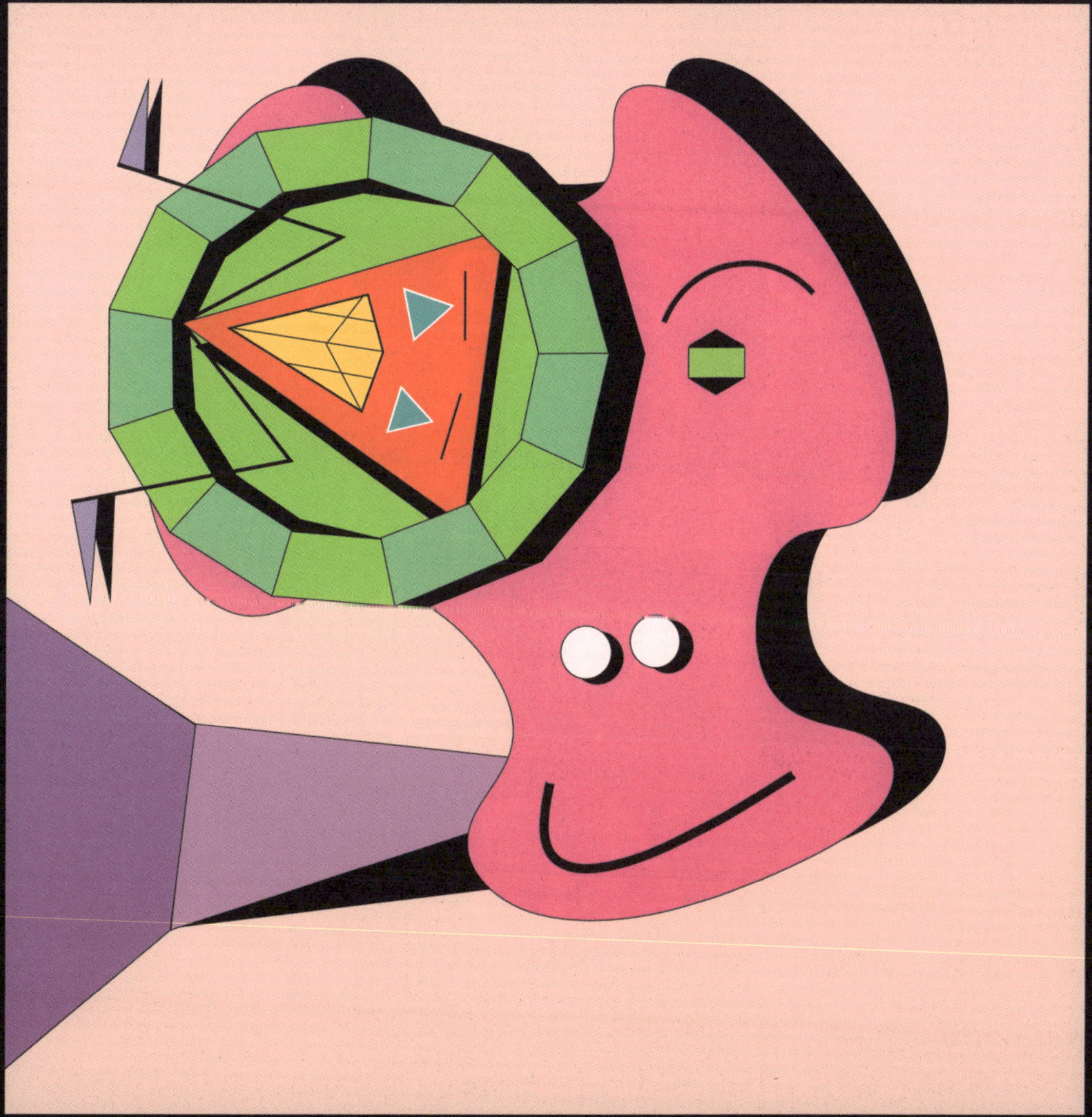

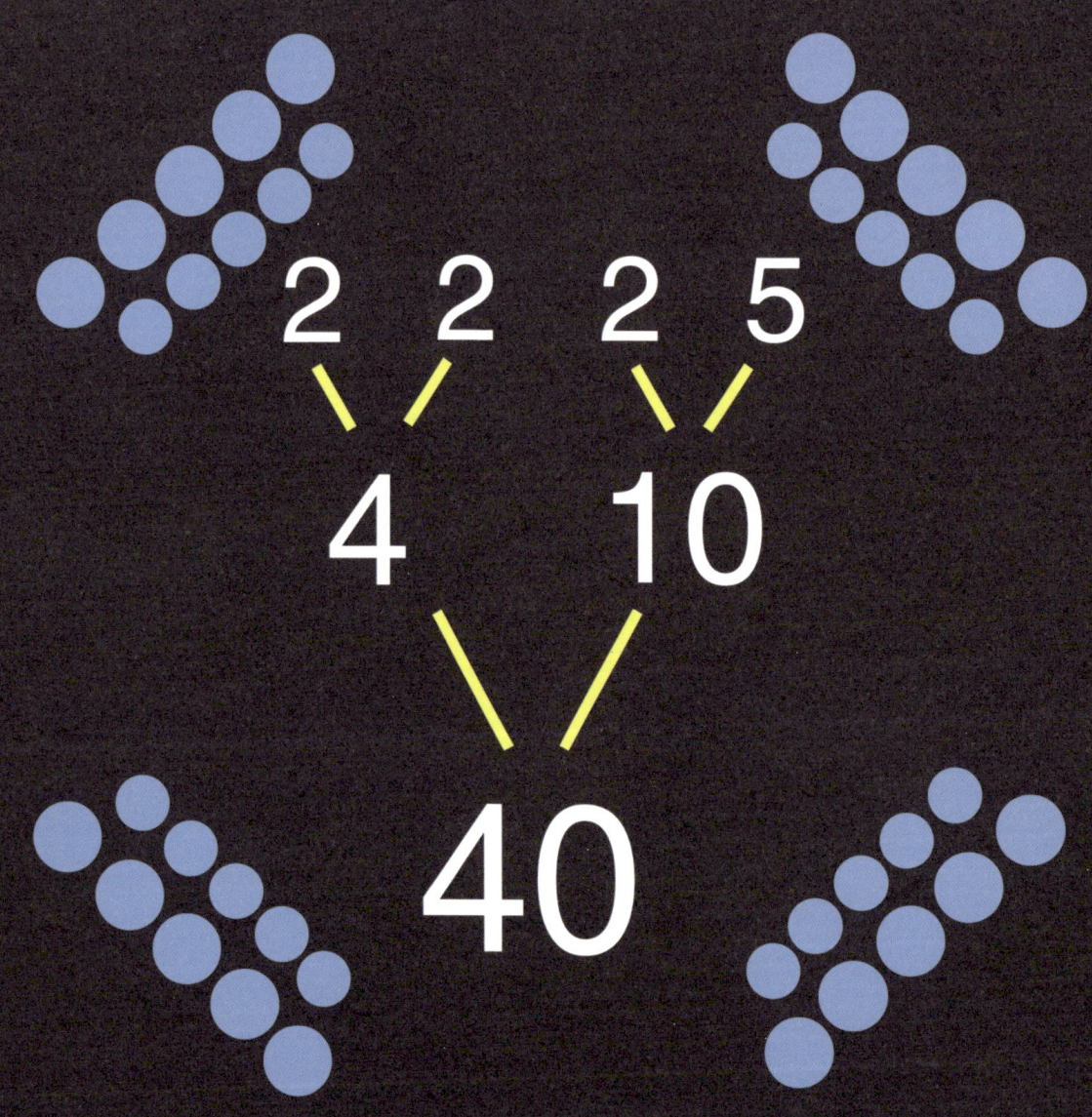

111

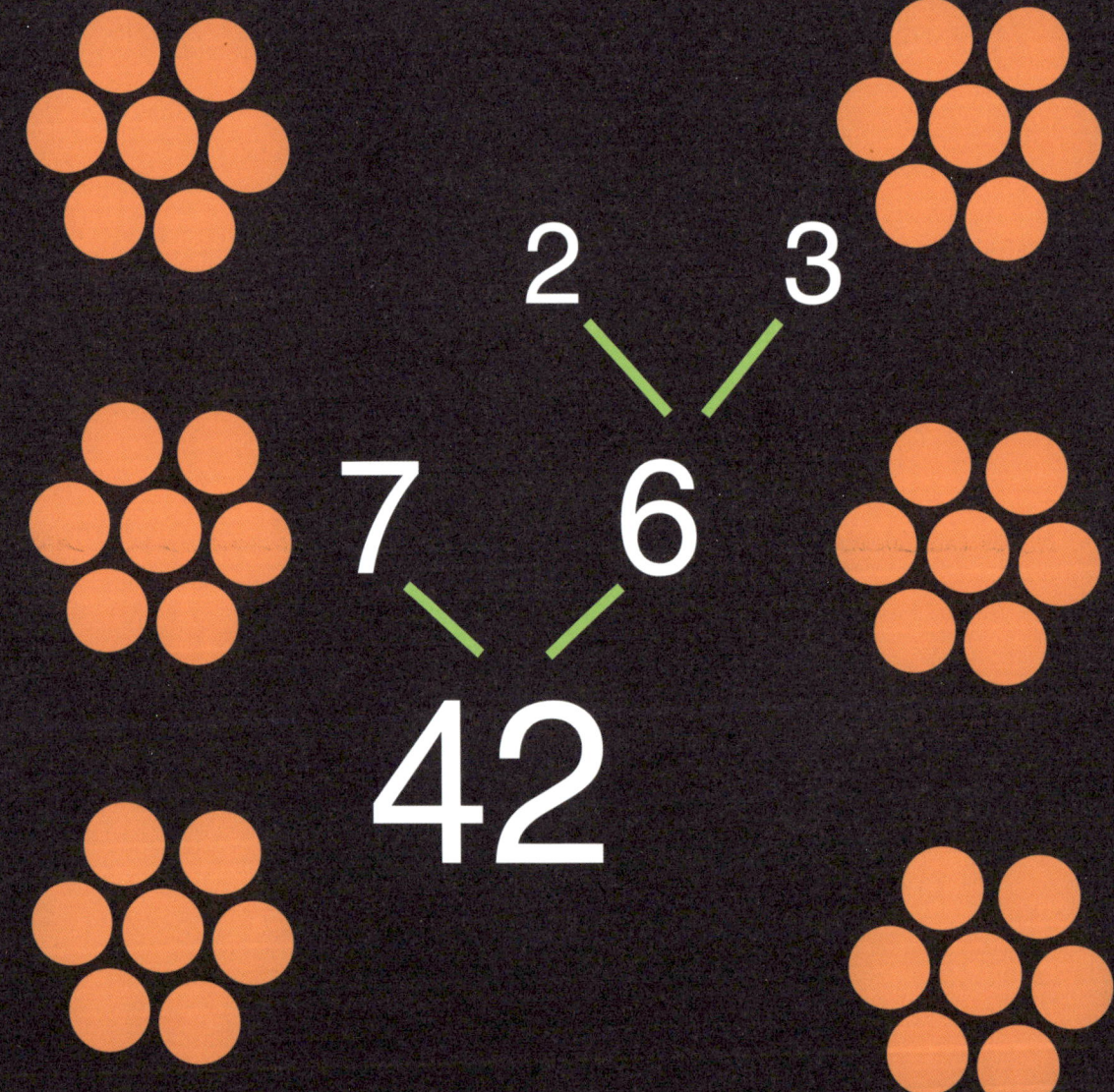

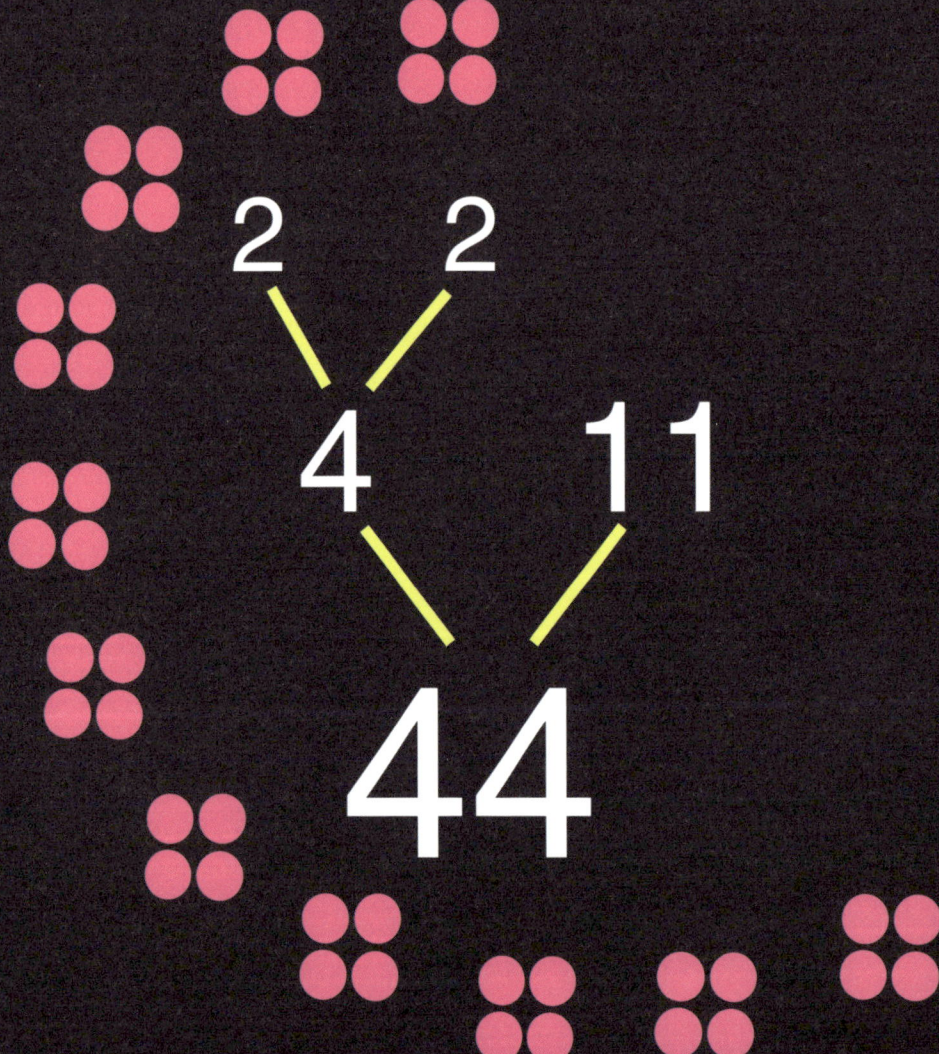

3   3
 9   5
  45

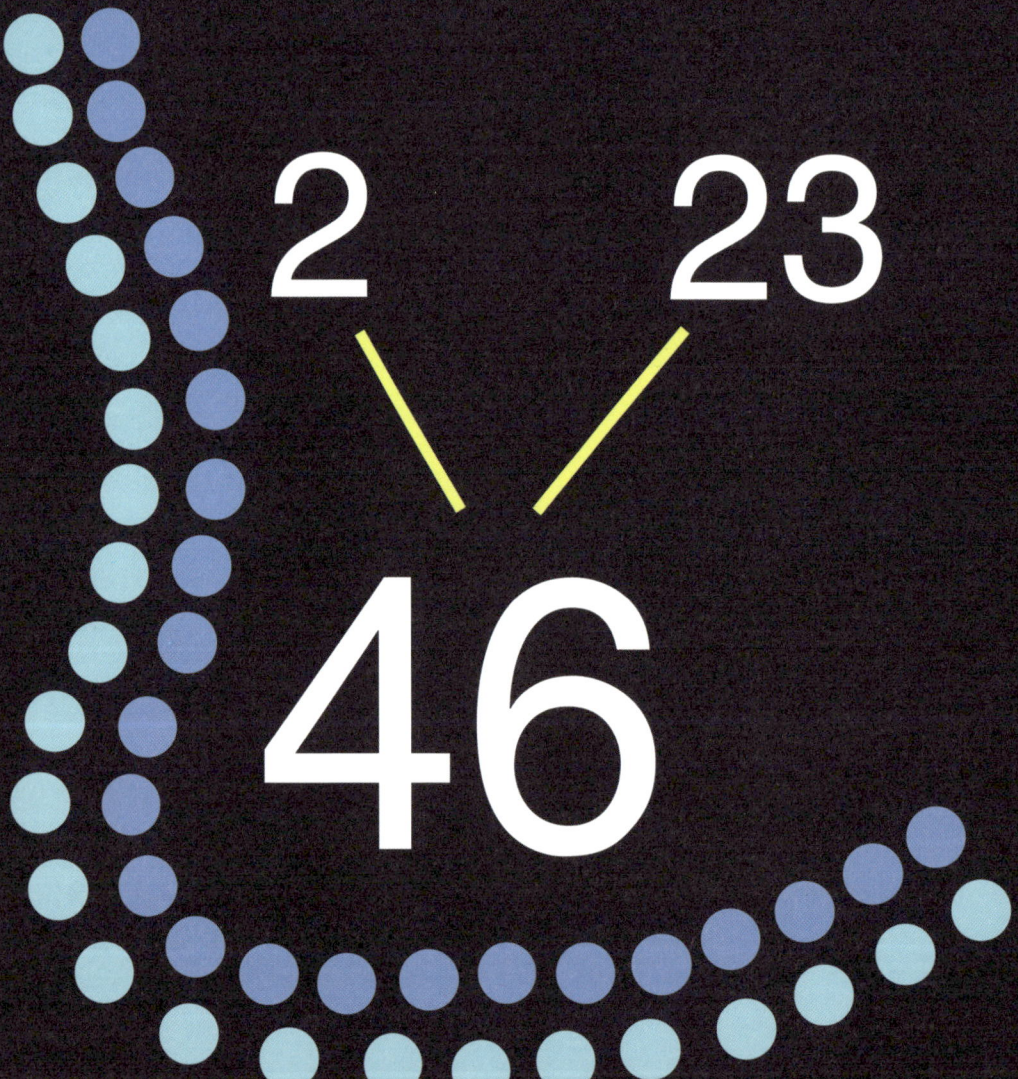

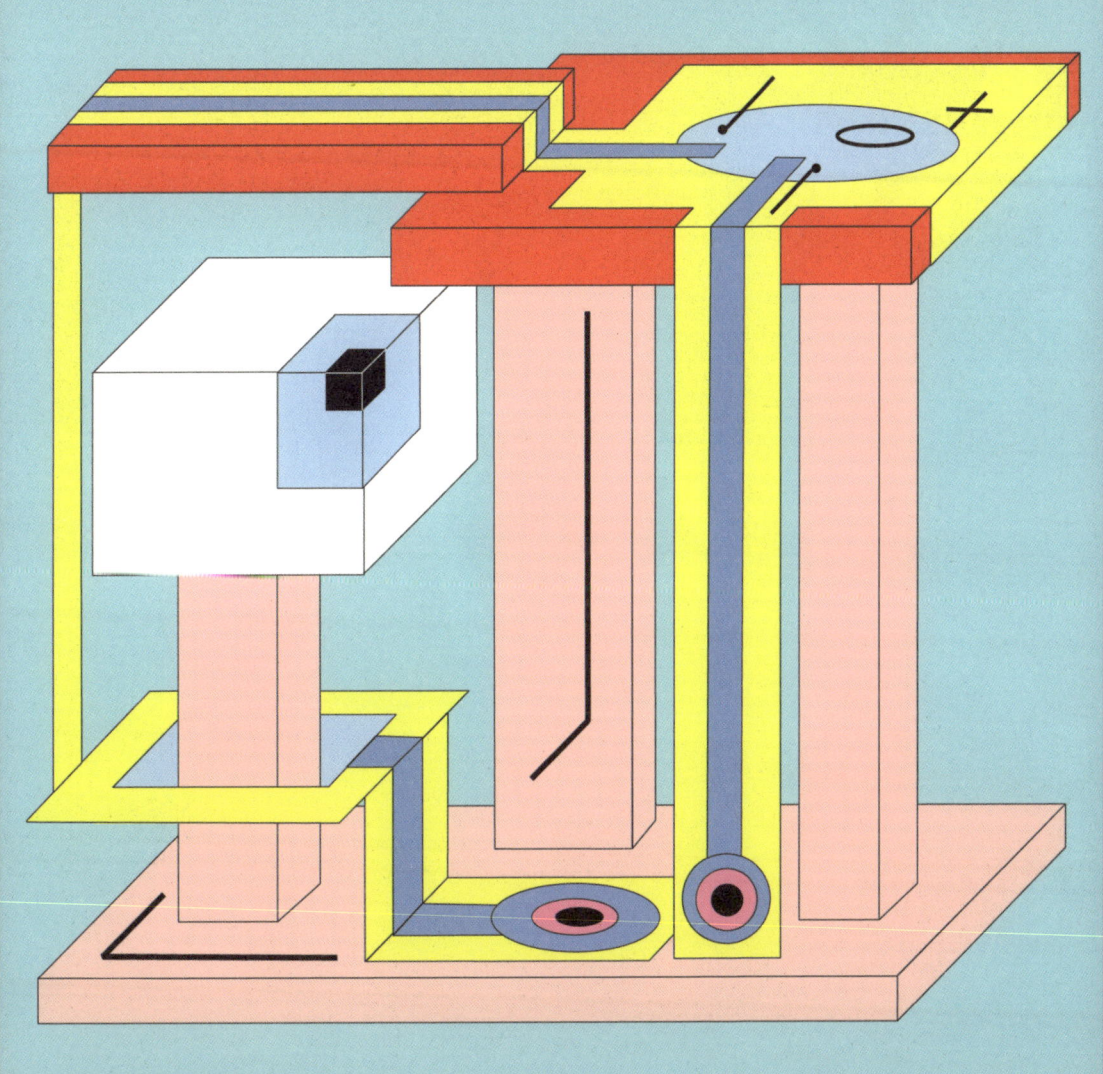

123

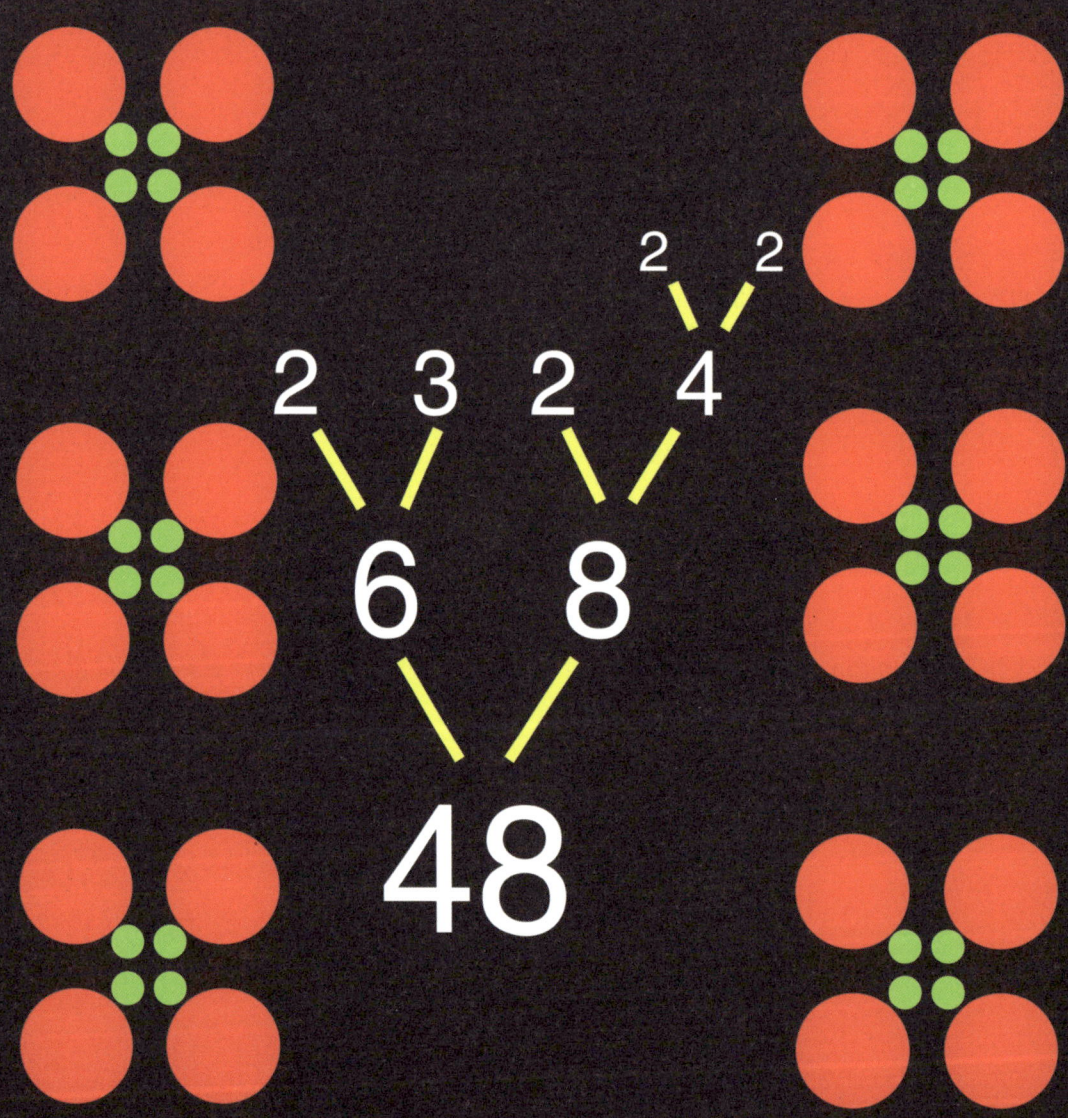

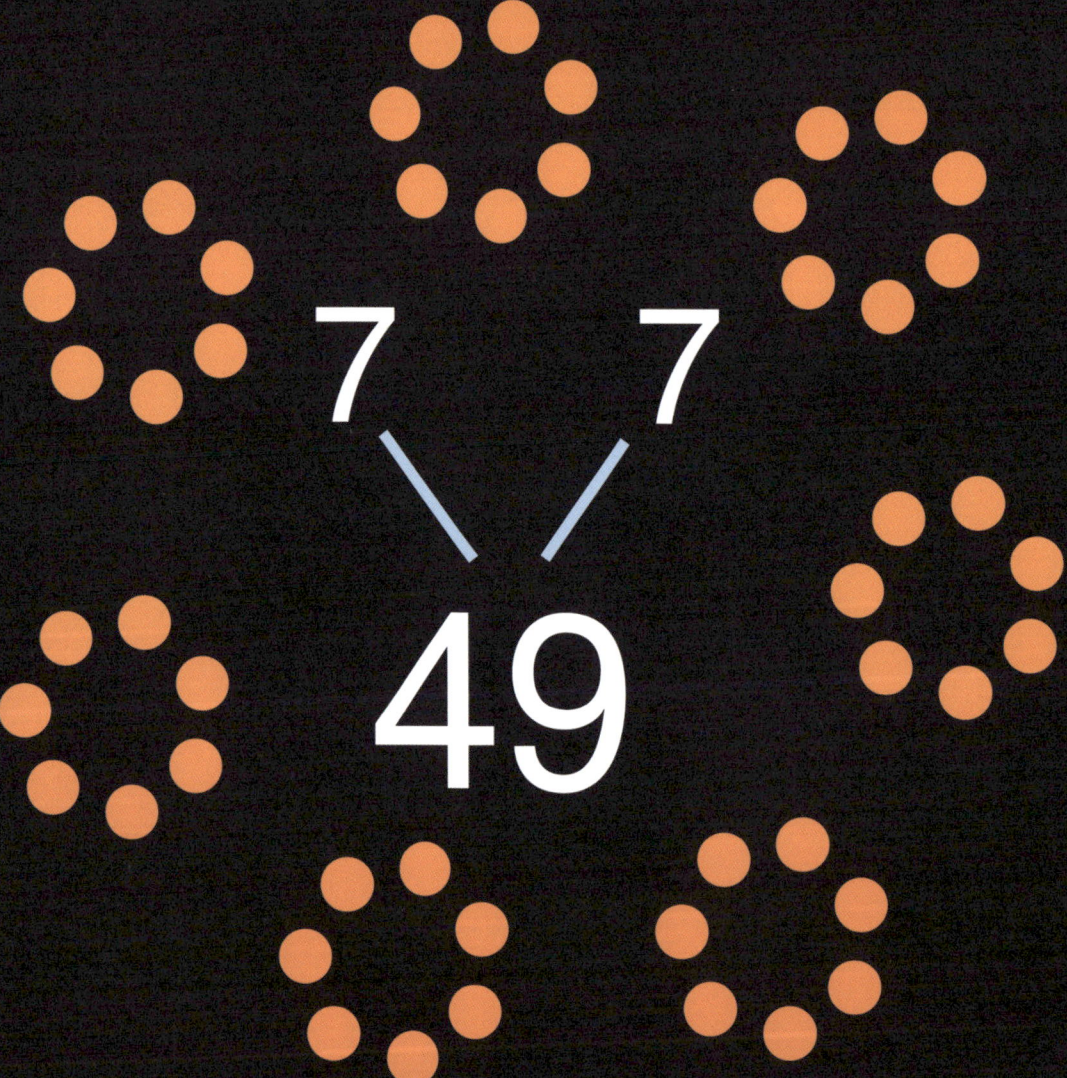

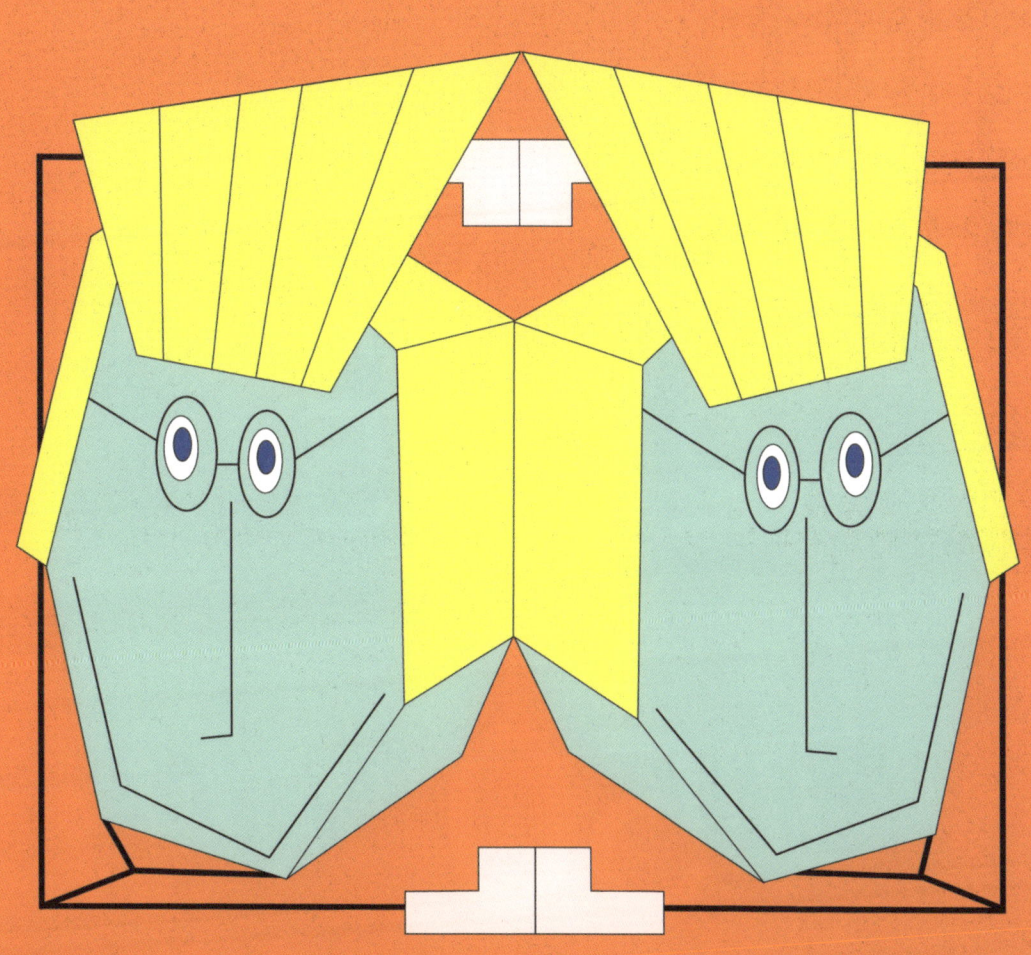

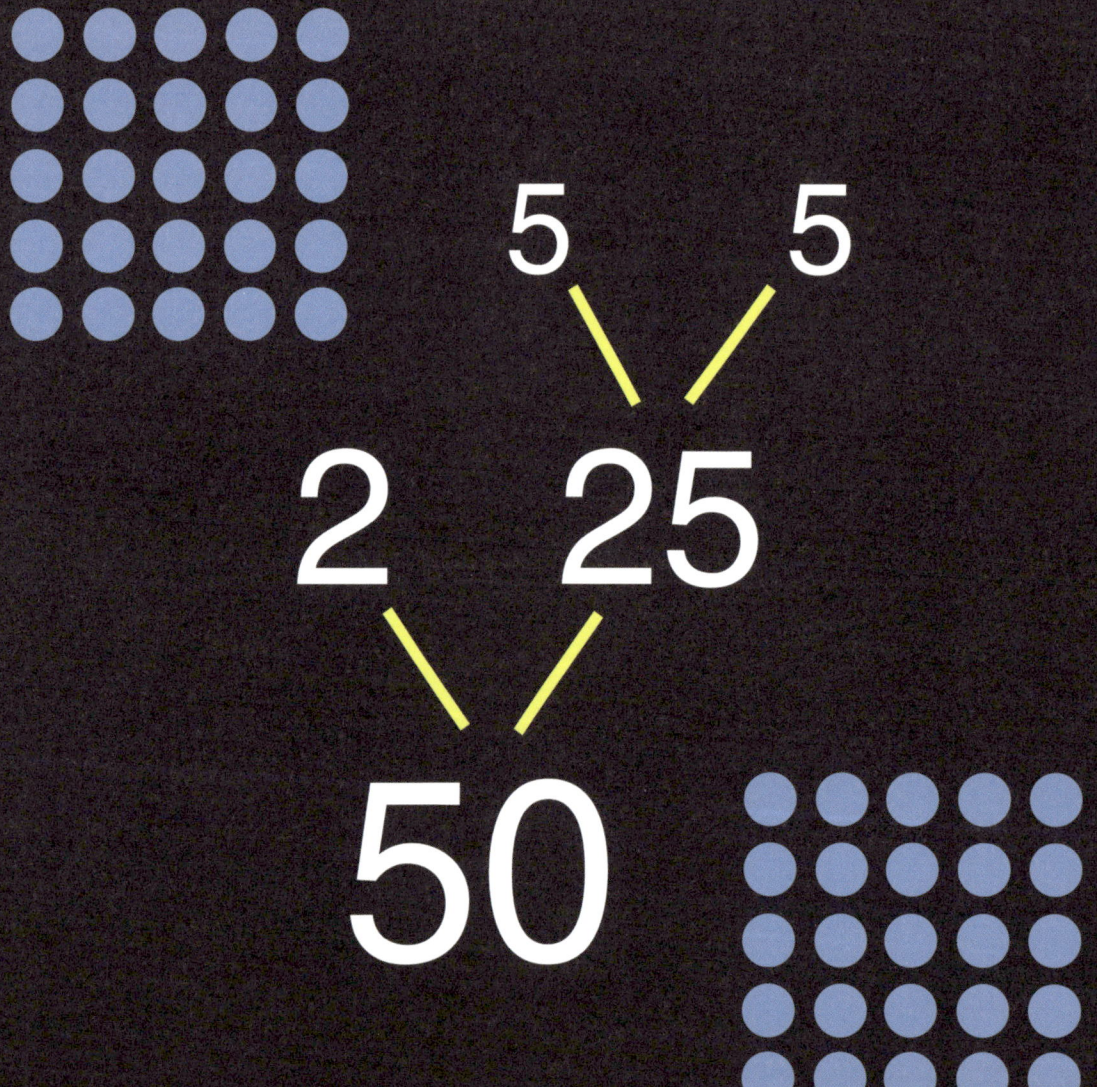

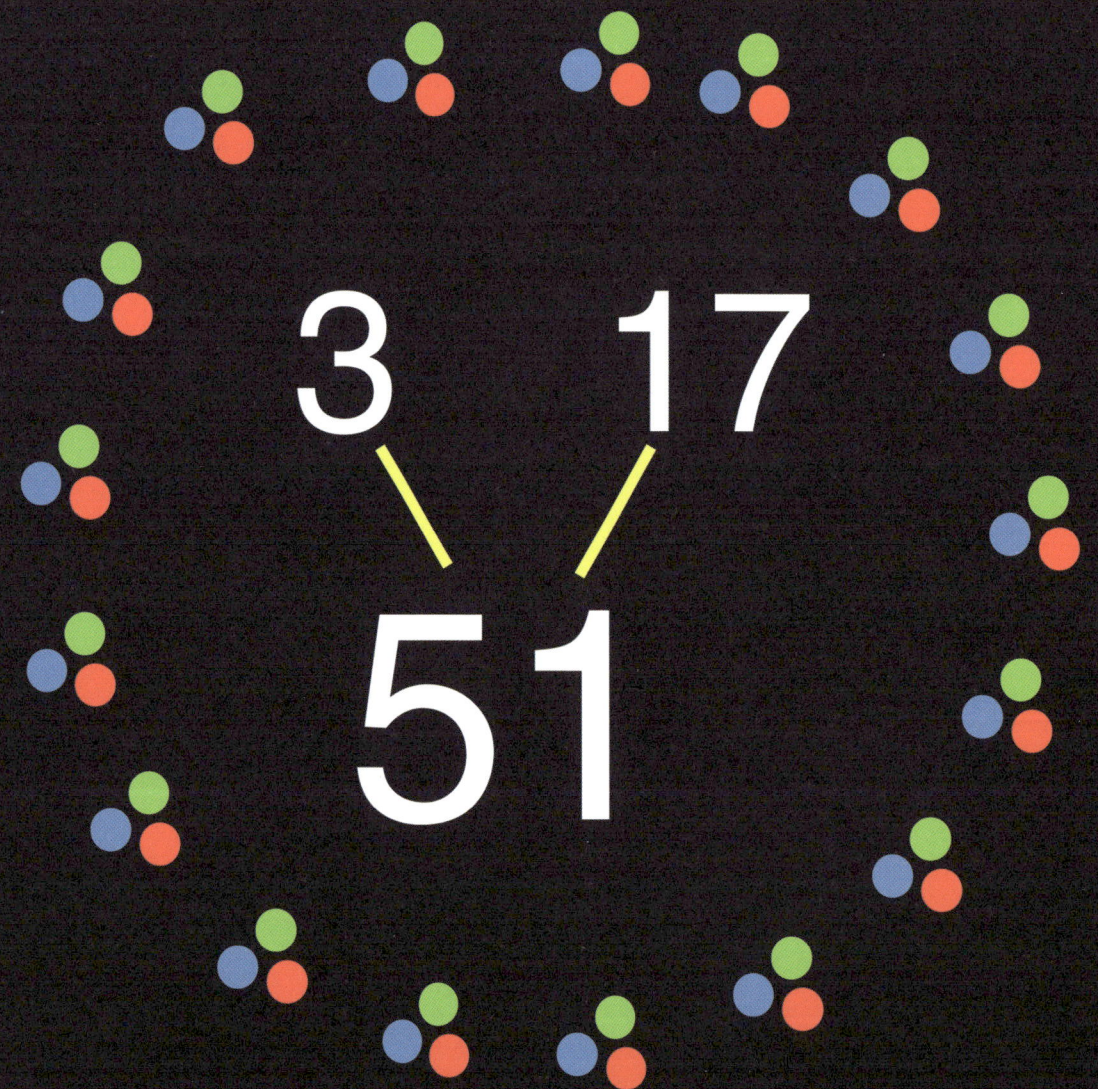

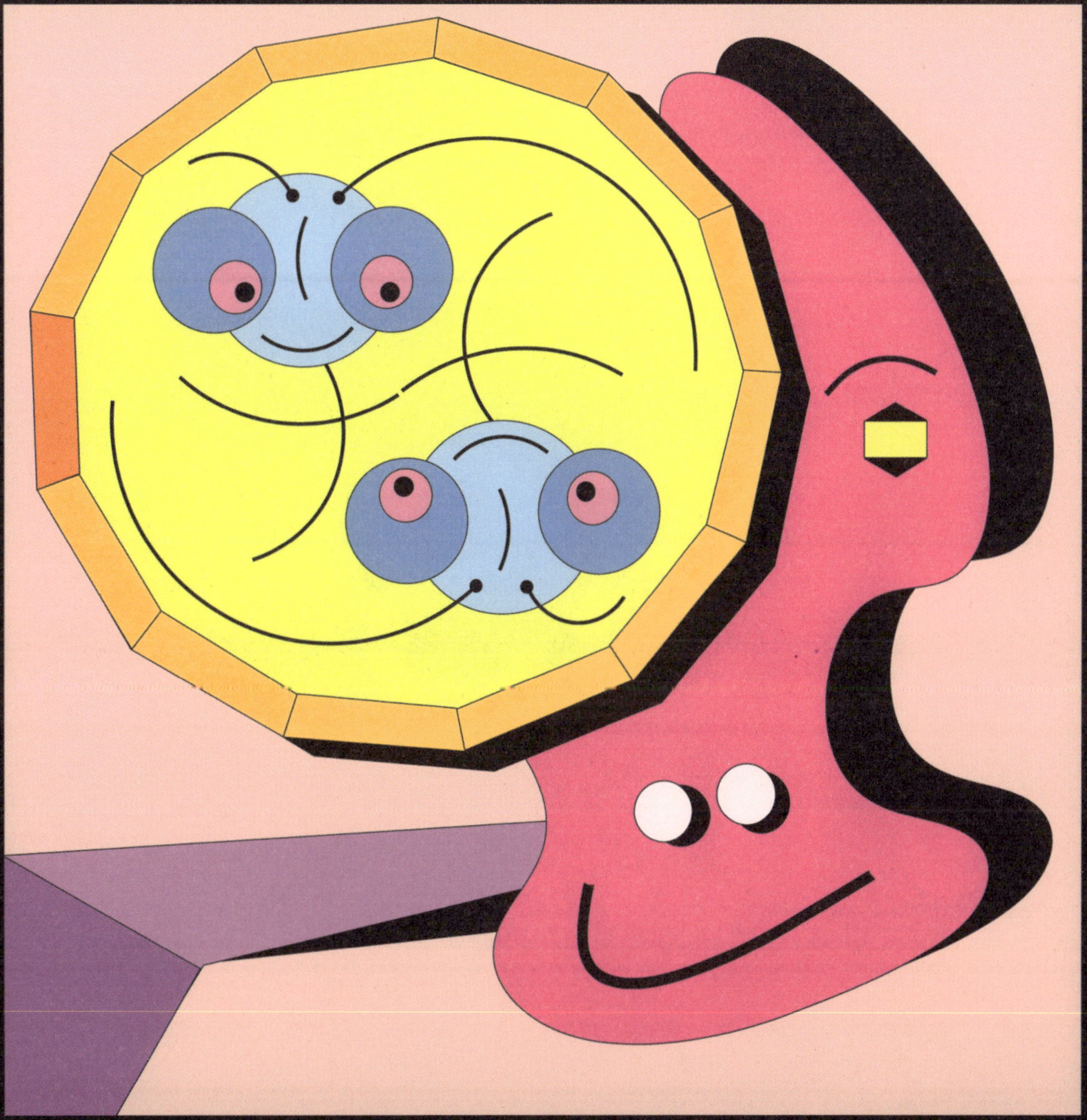

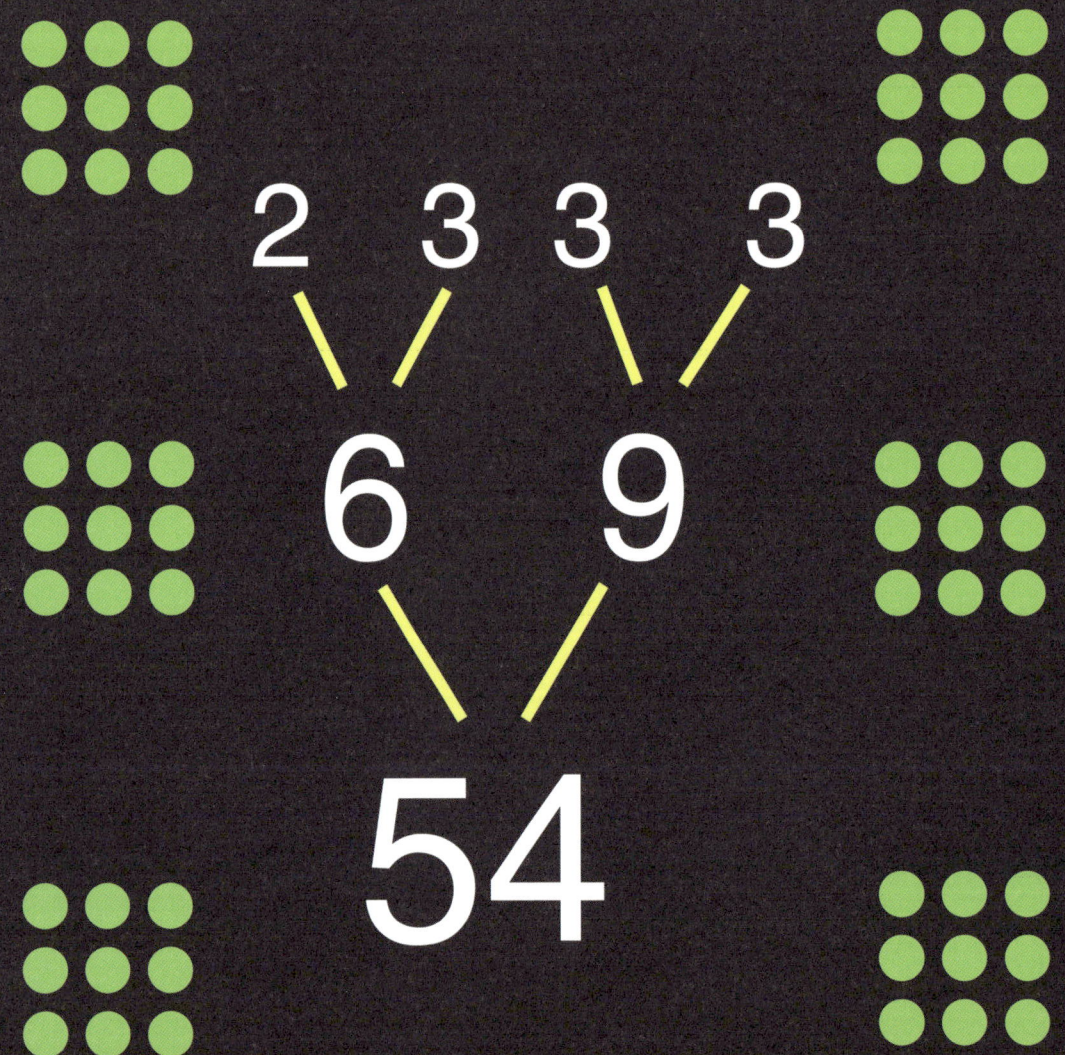

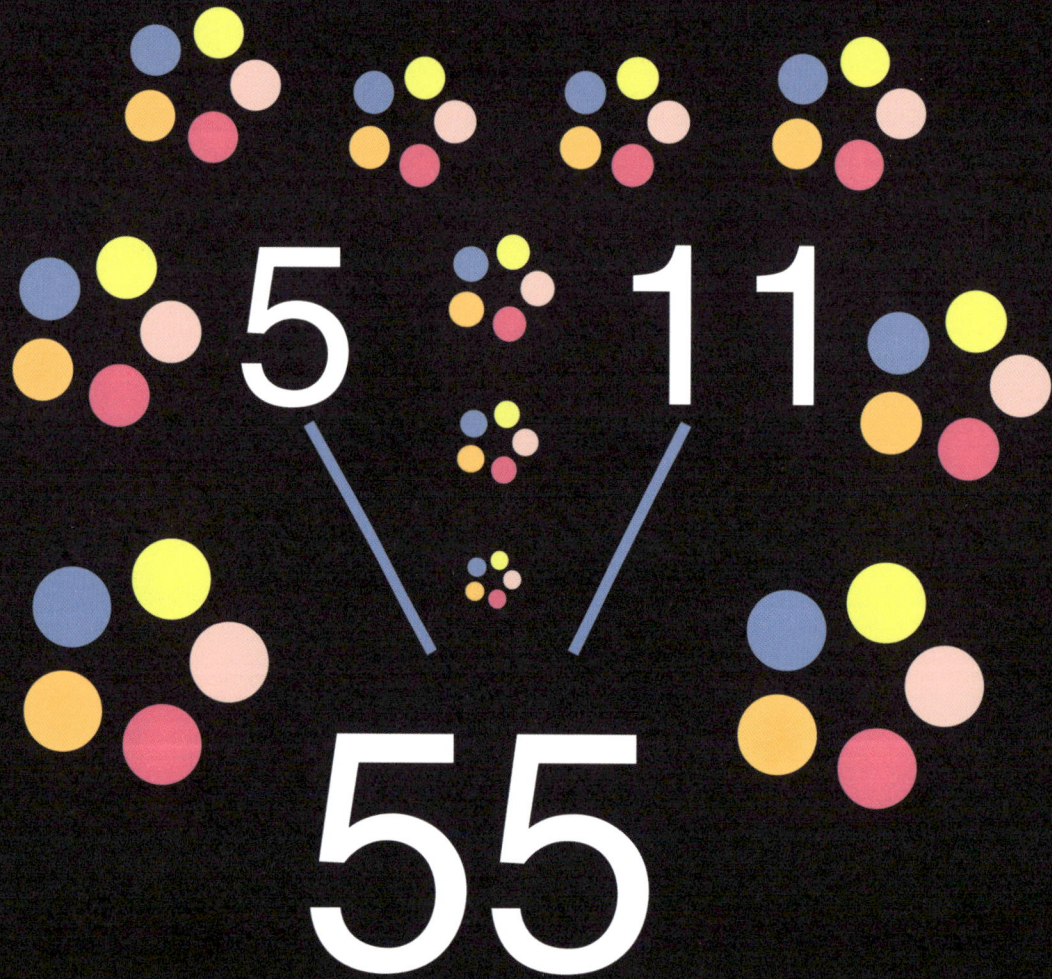

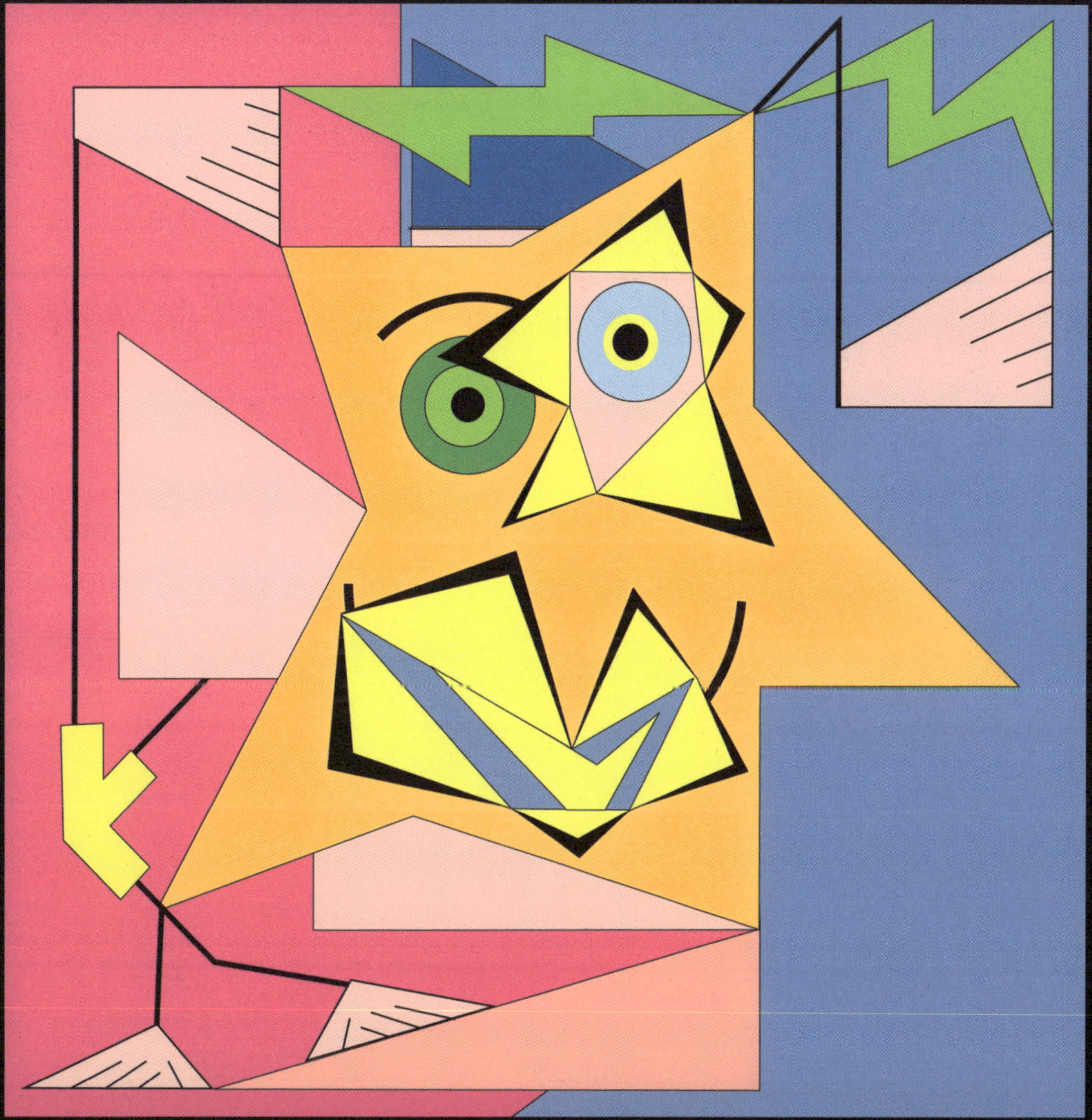

141

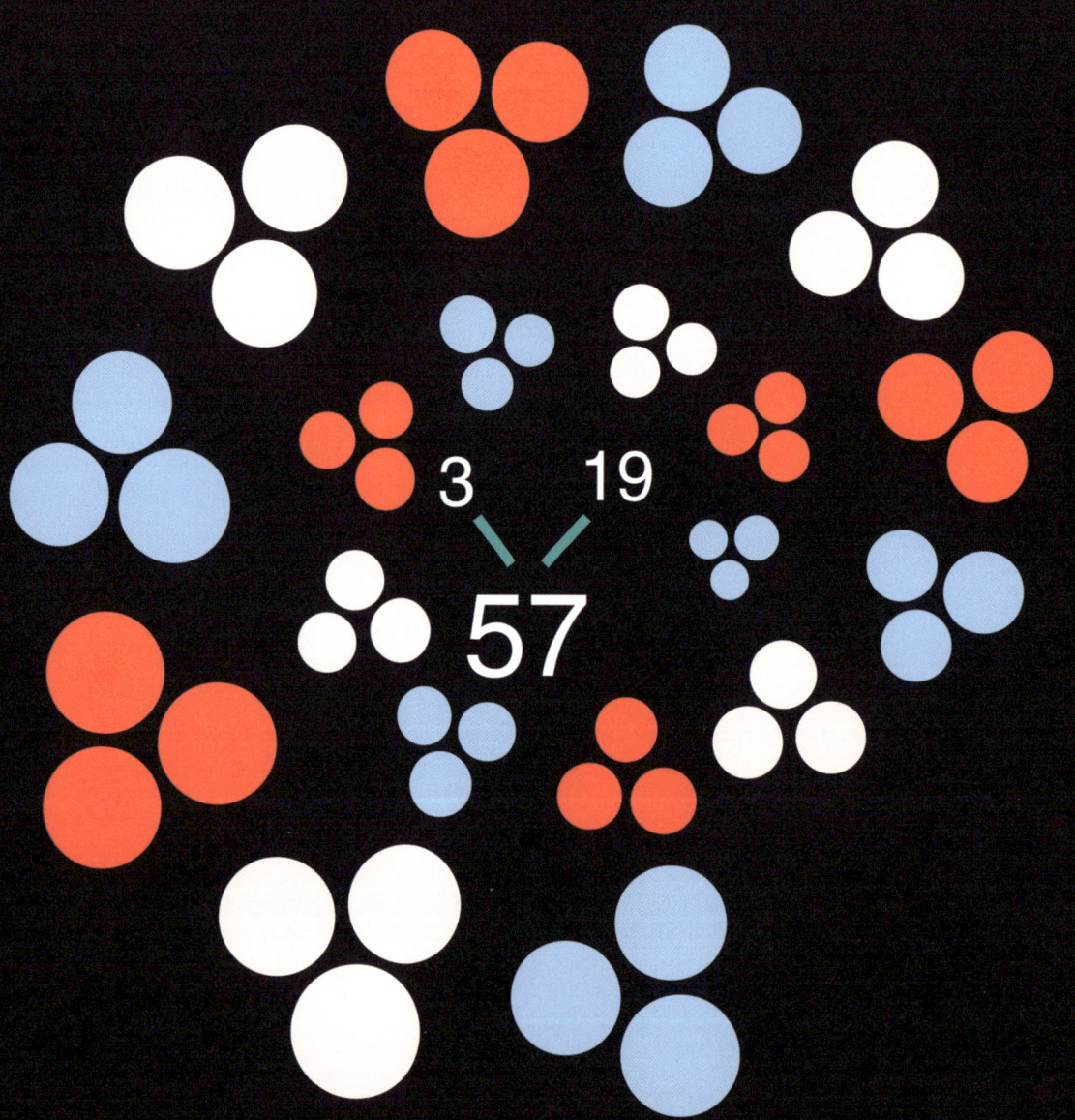

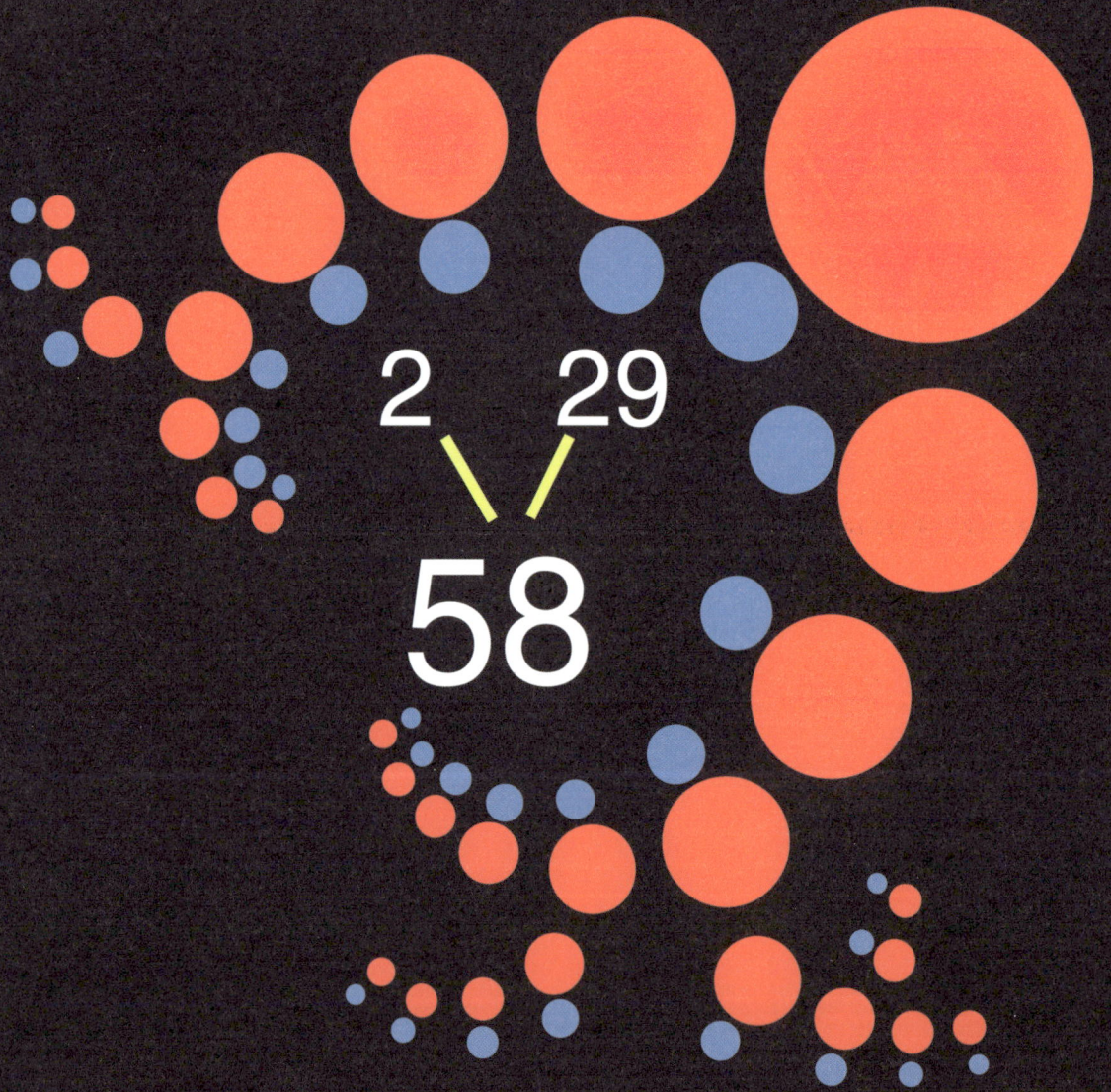

2 31

62

152

155

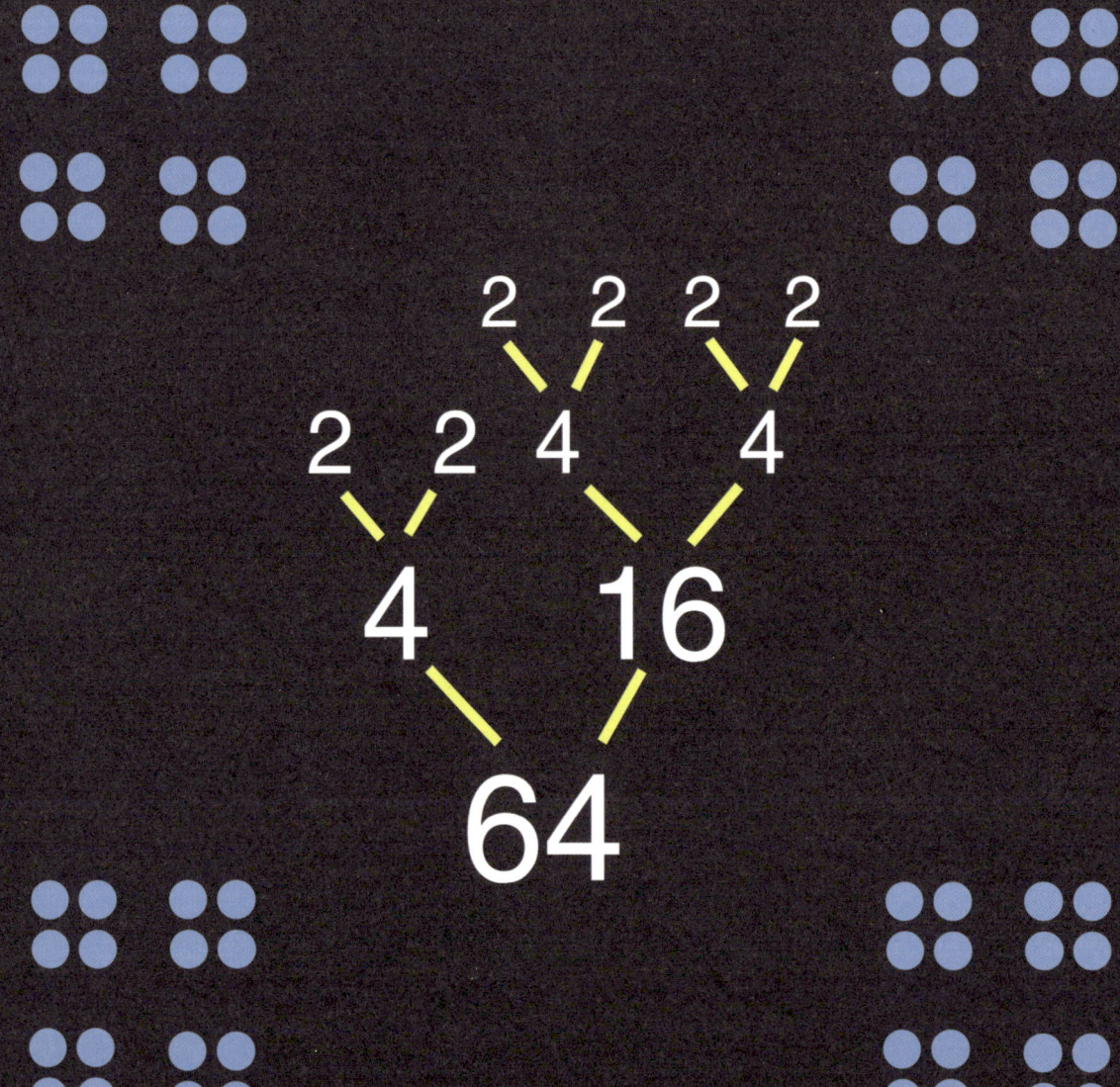

158

5　　13

65

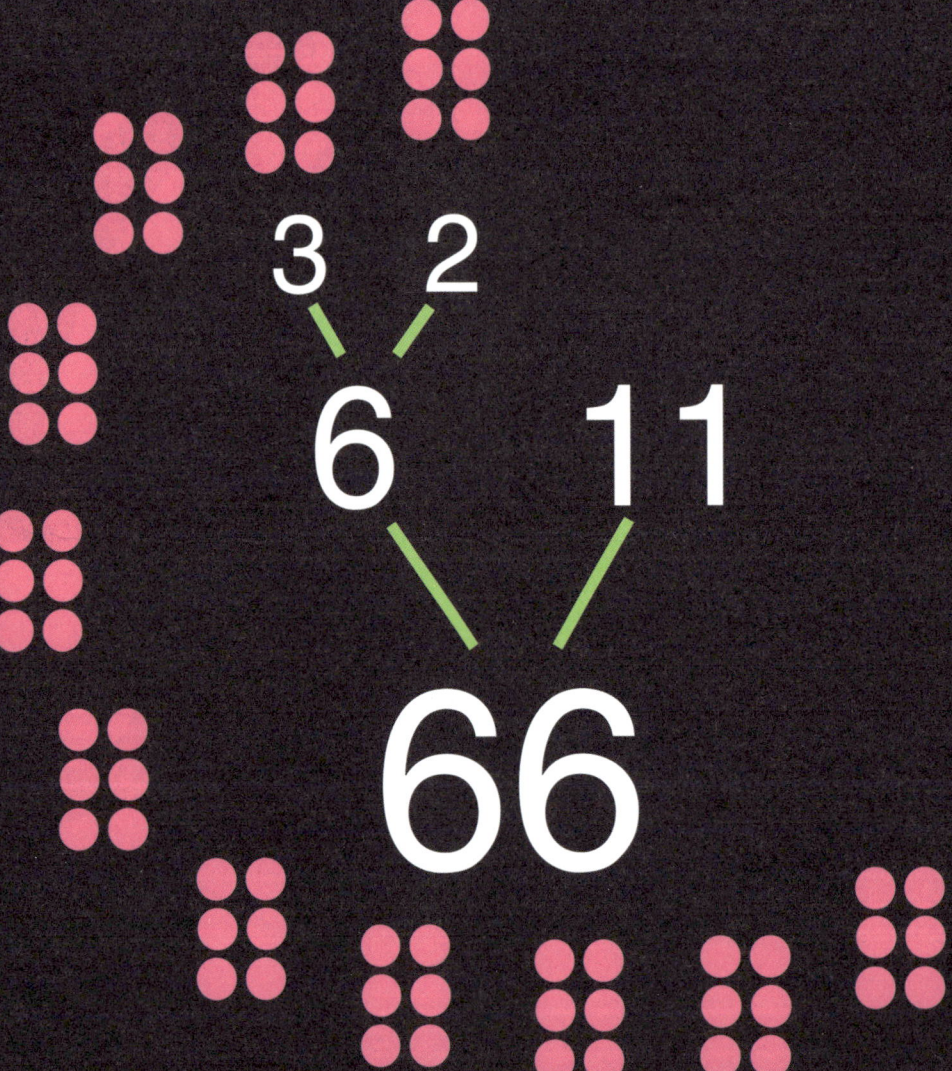

67

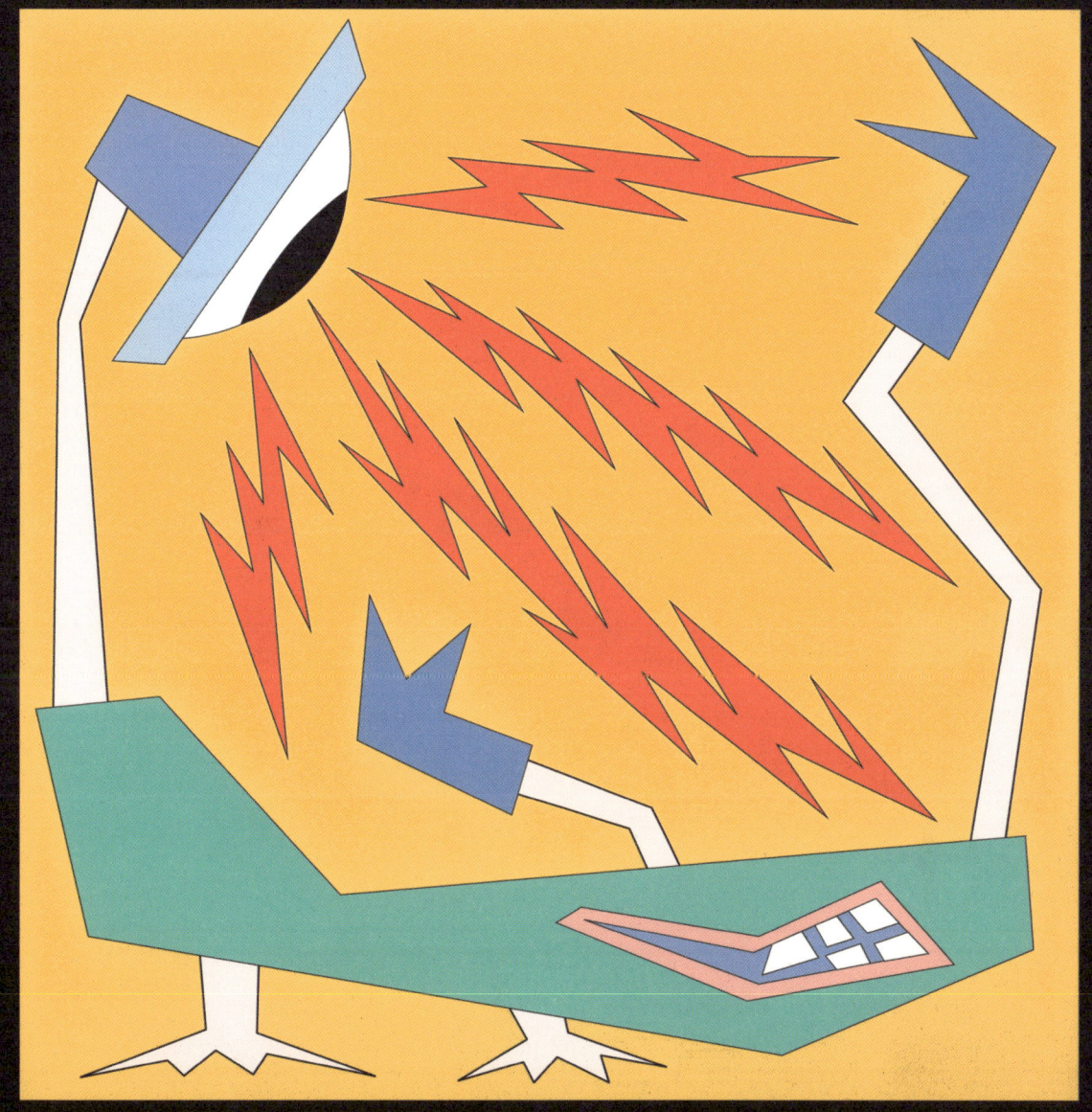

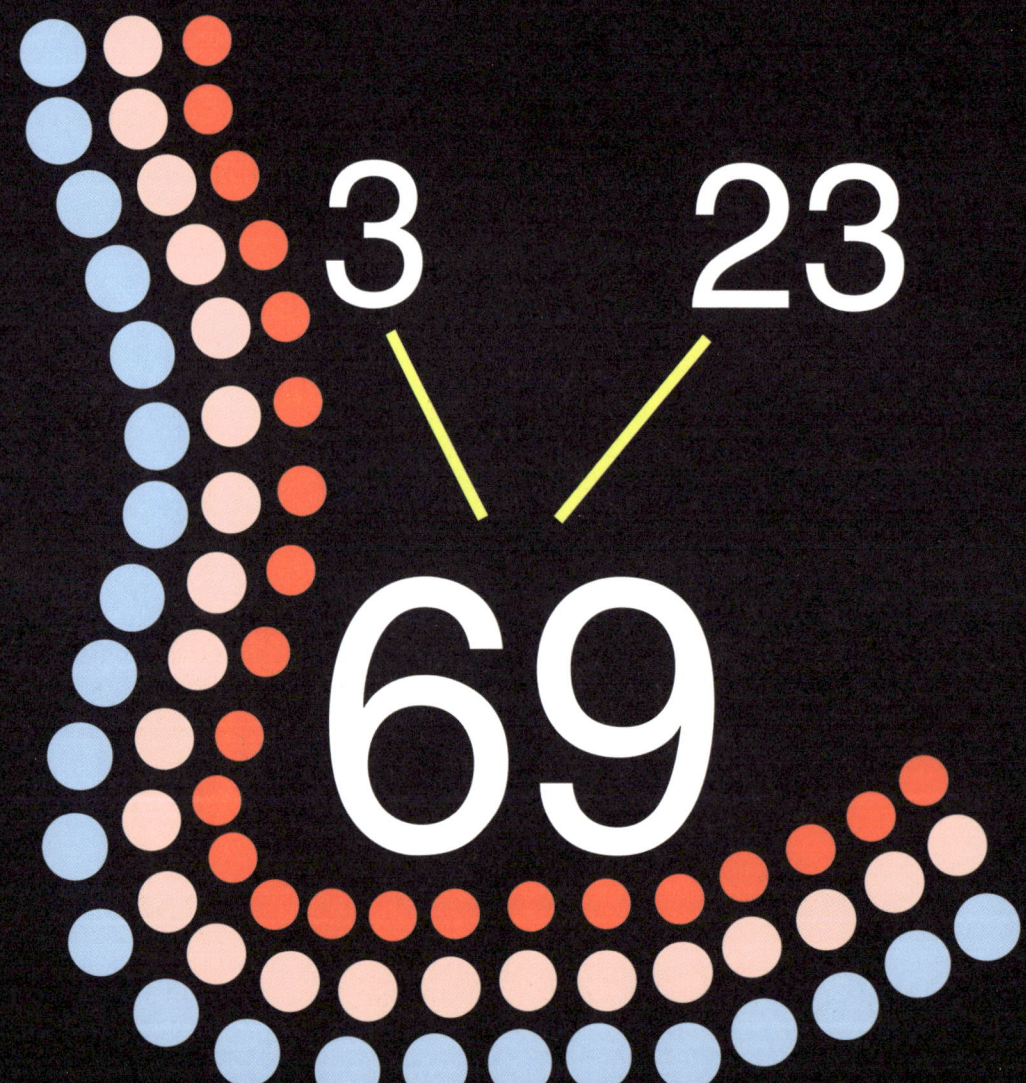

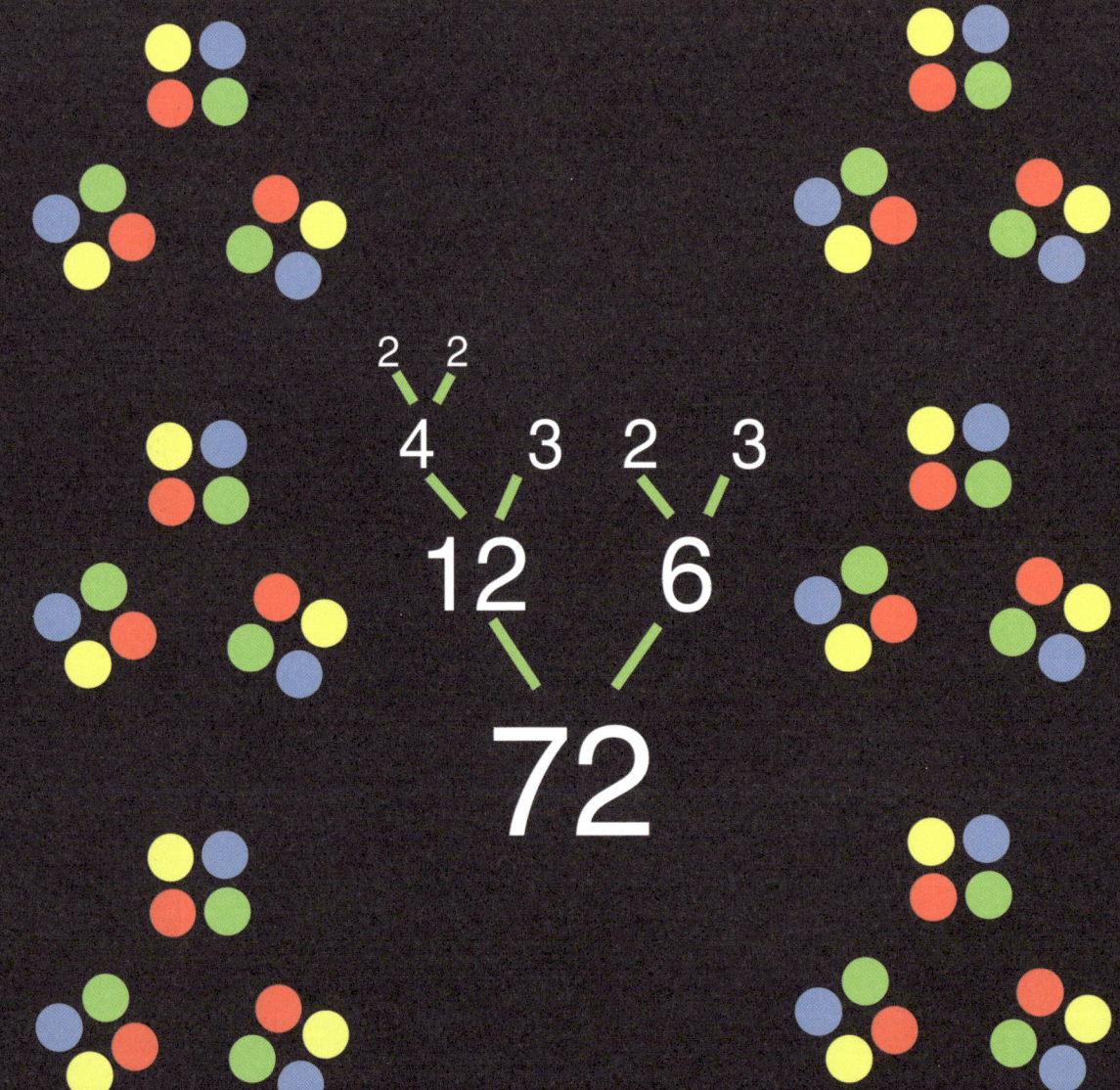

2 37
74

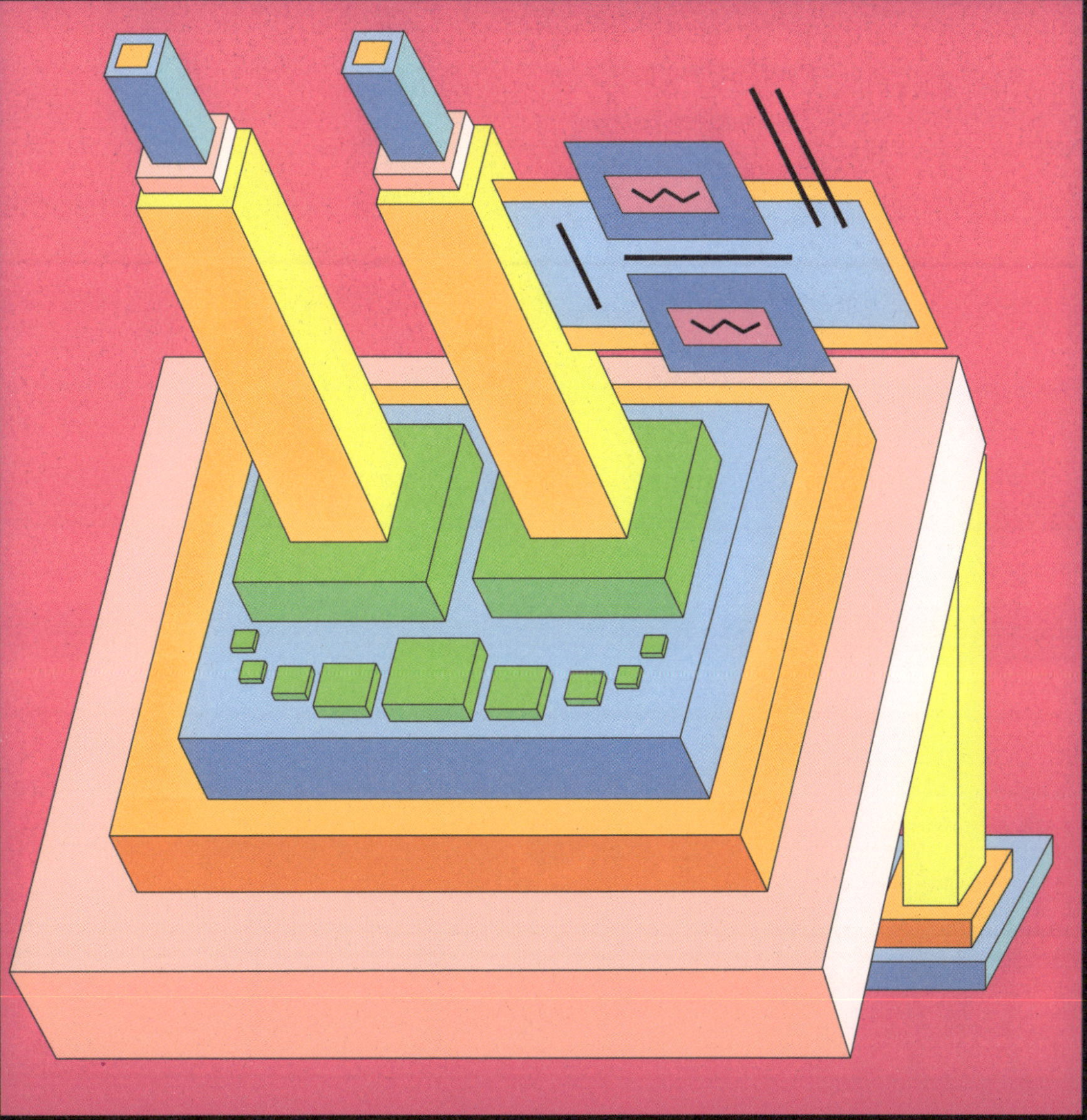

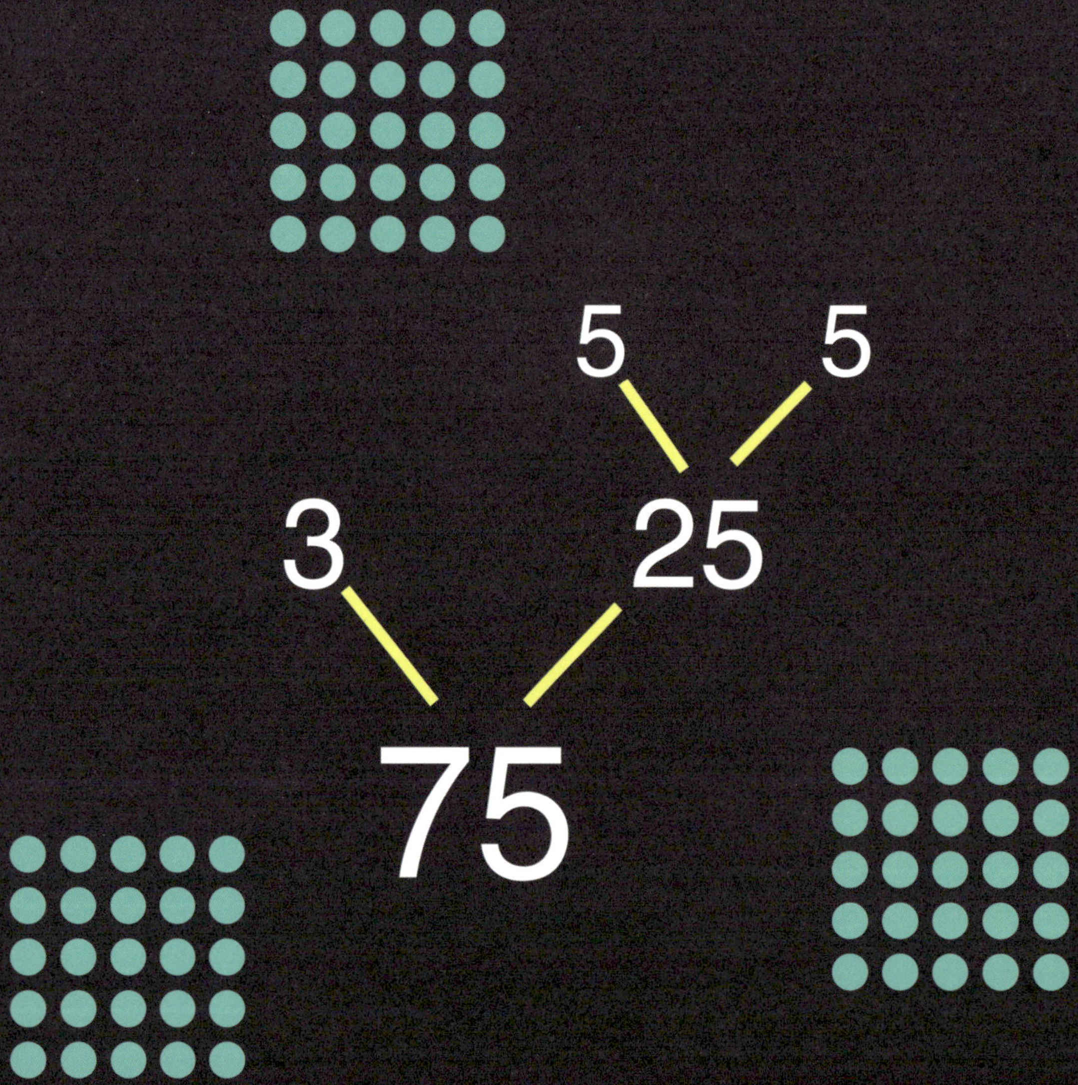

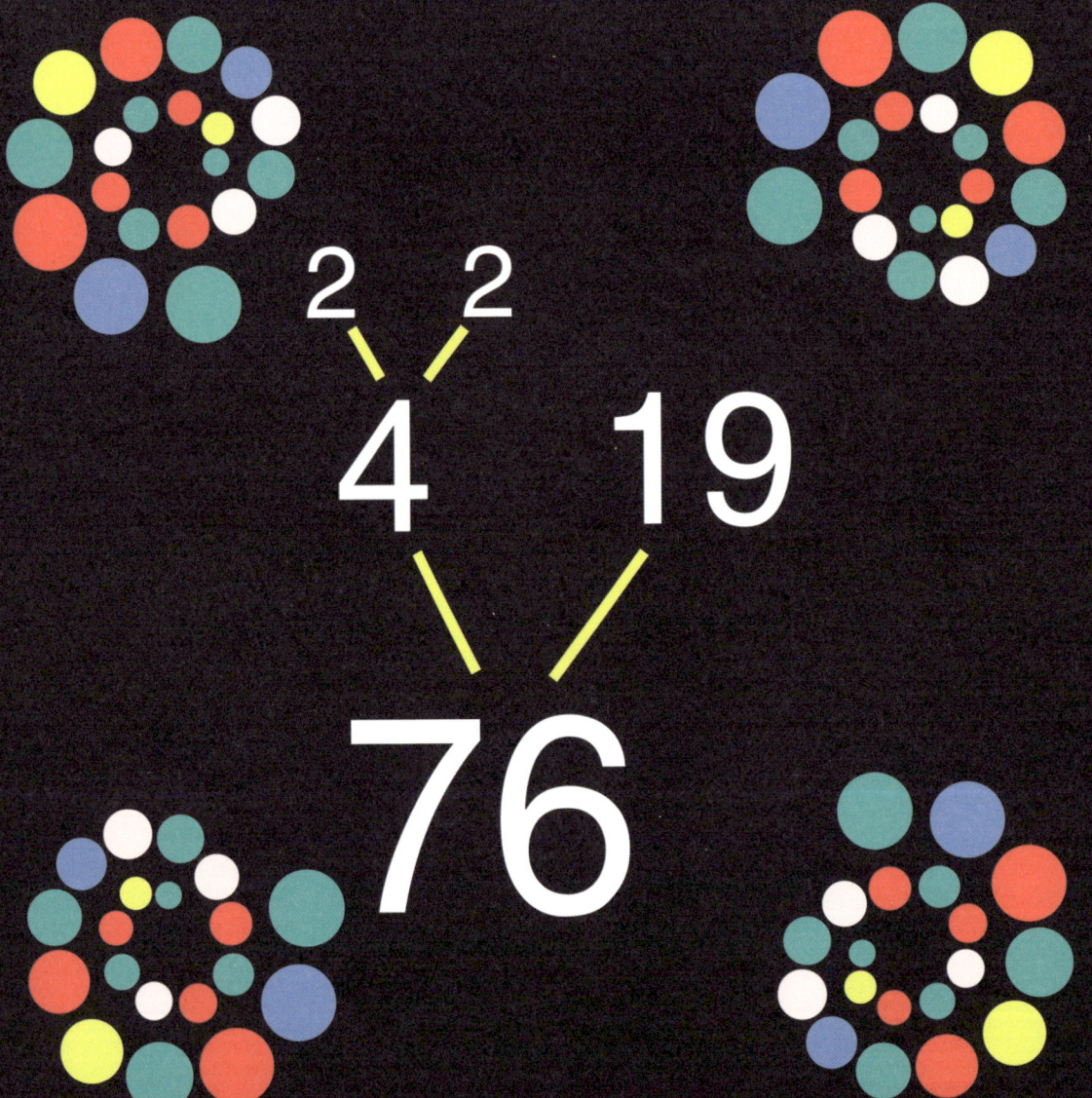

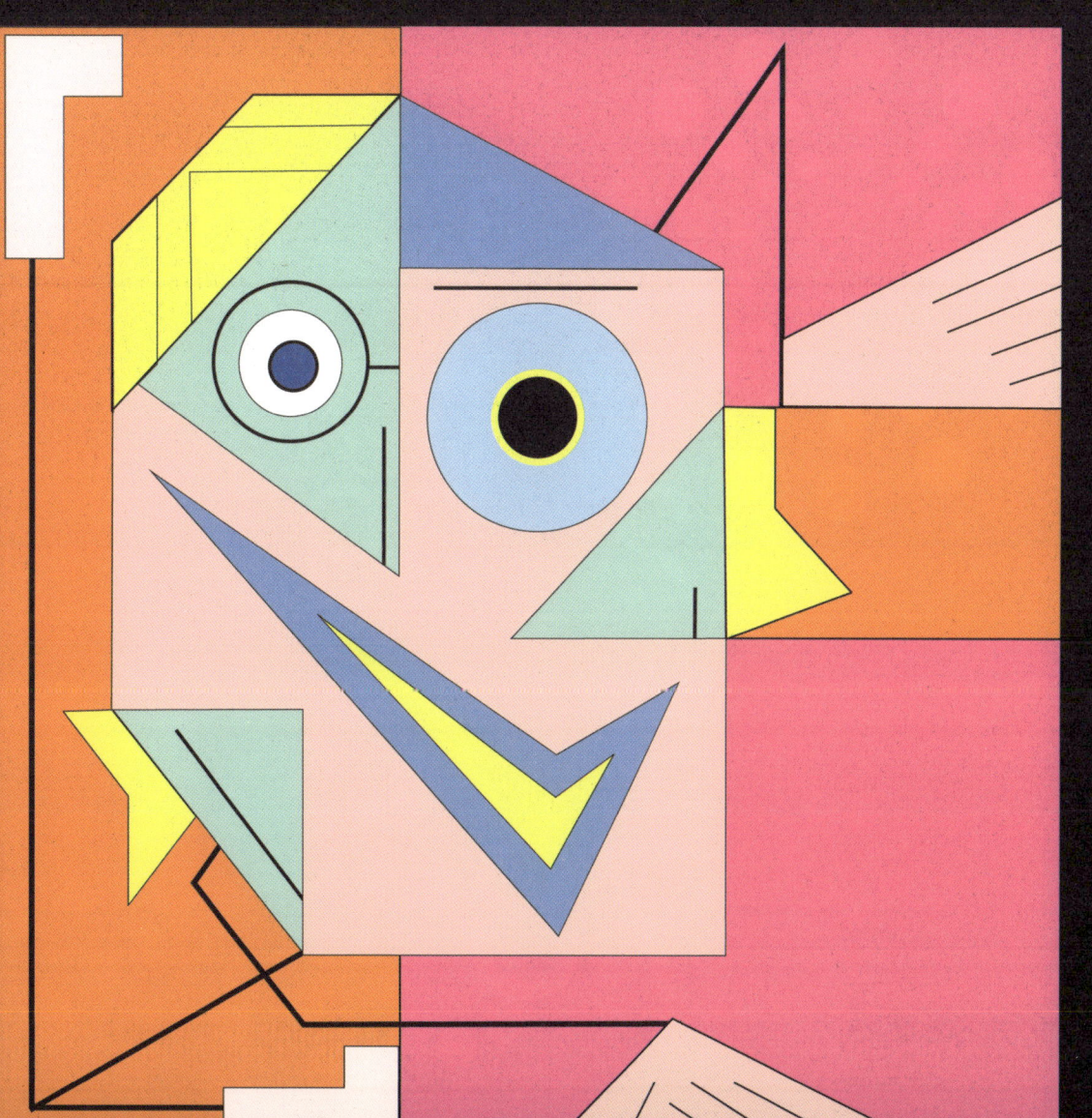

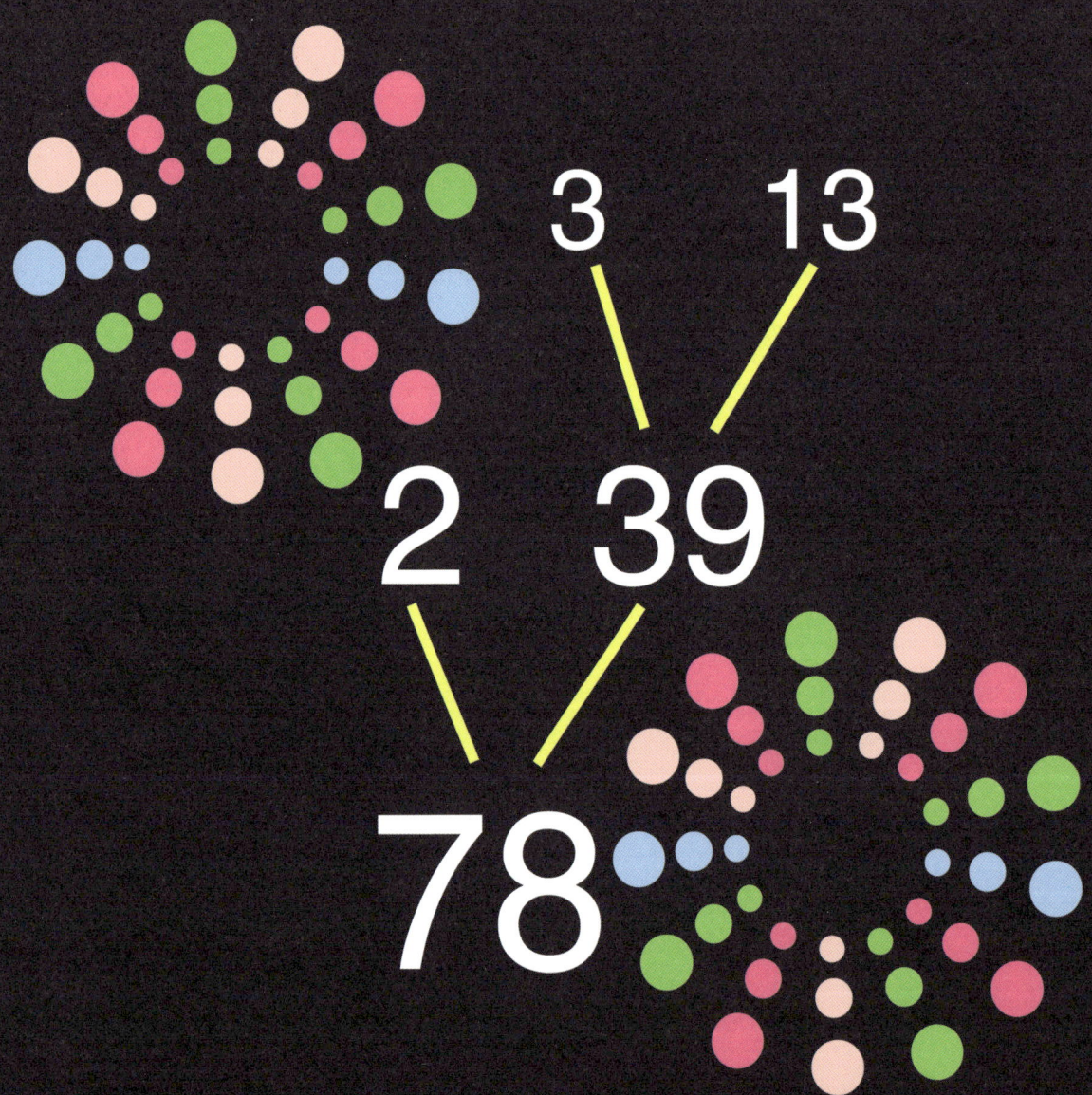

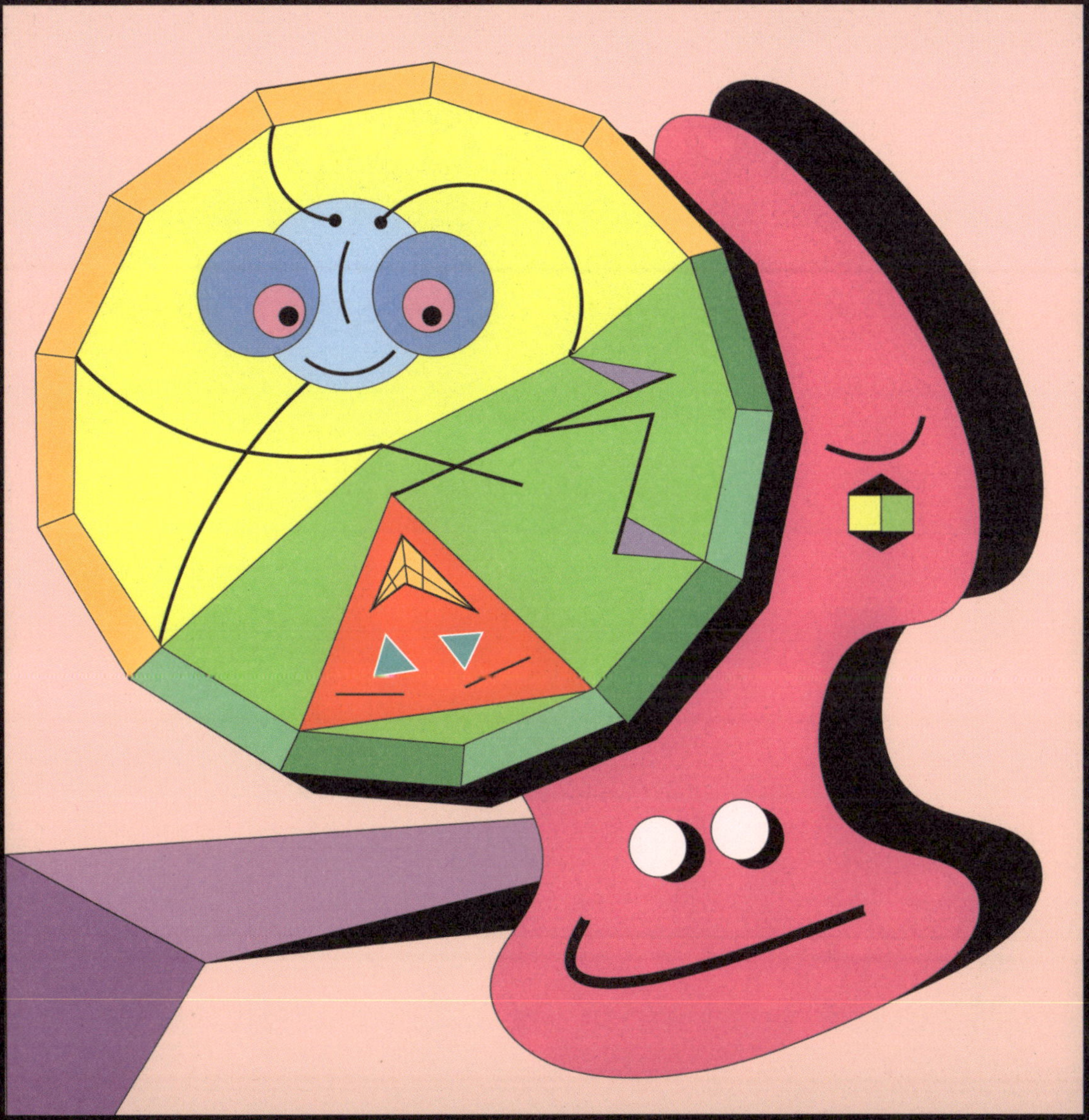

          2   2
 2   2   4   5

   4   20

       80

190

$$3 \quad 3$$
$$3 \quad 9$$
$$3 \quad 27$$
$$3 \quad$$
$$81$$

2   41
82

192

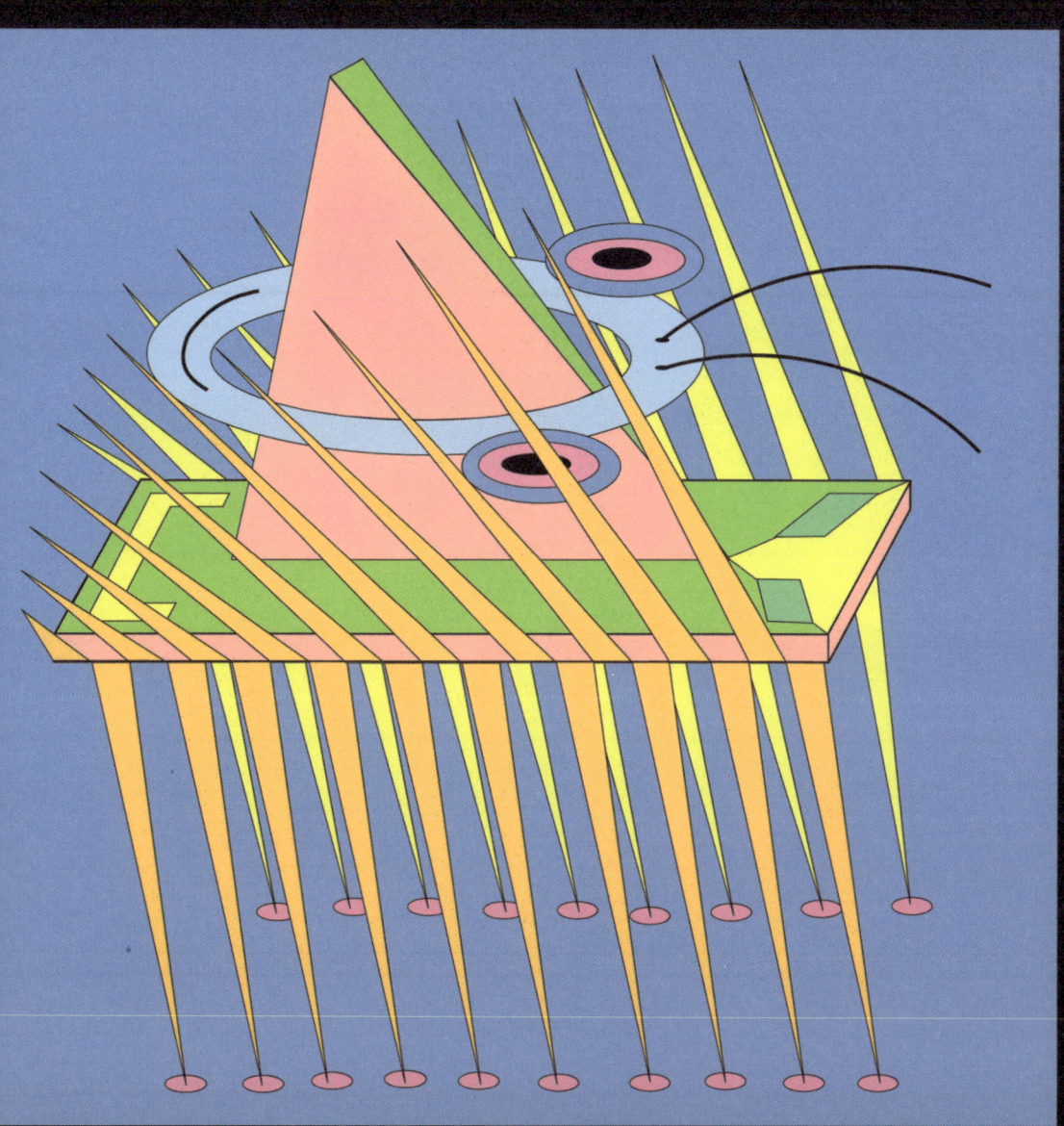

```
    2   2   3   7
     \ /     \ /
      4       21
       \     /
          84
```

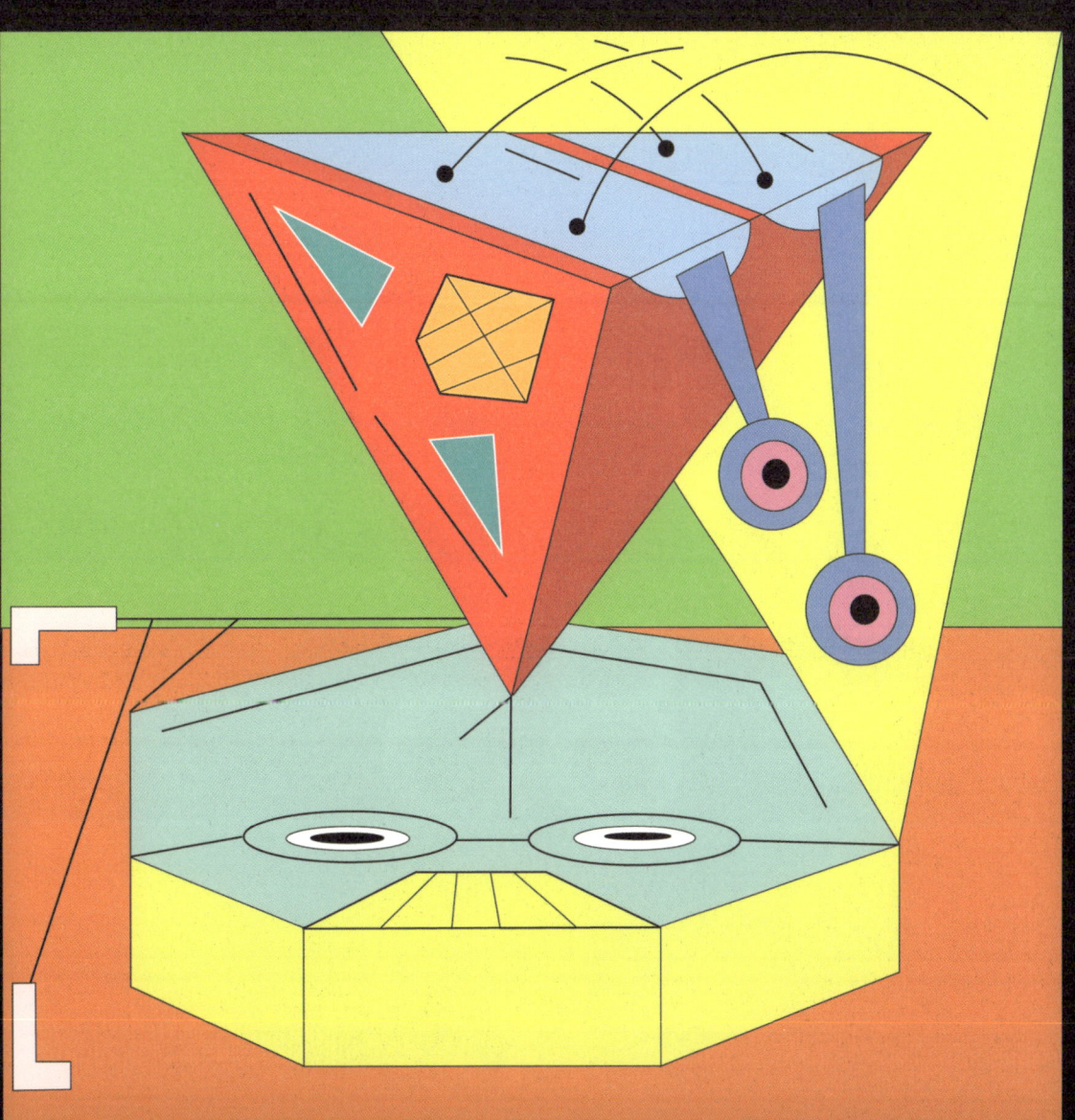

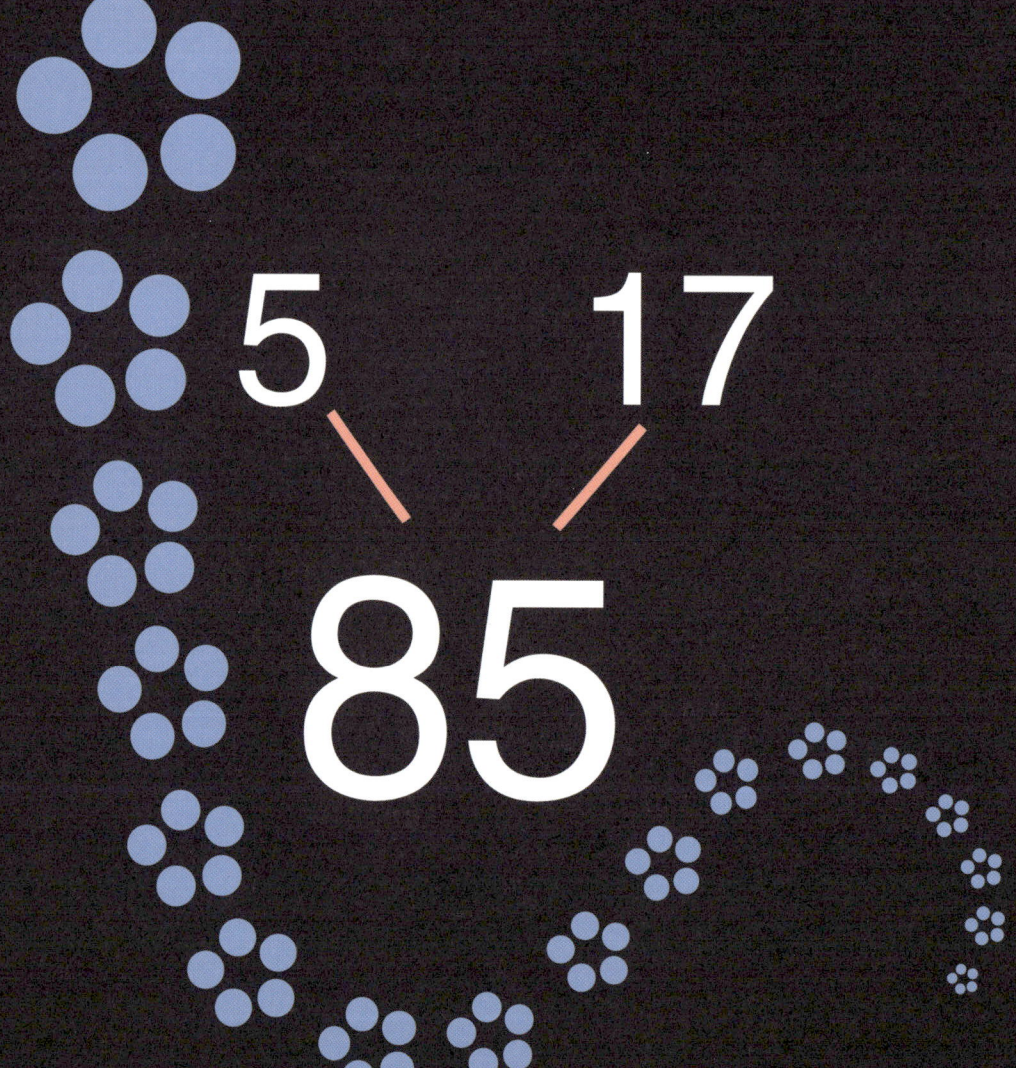

200

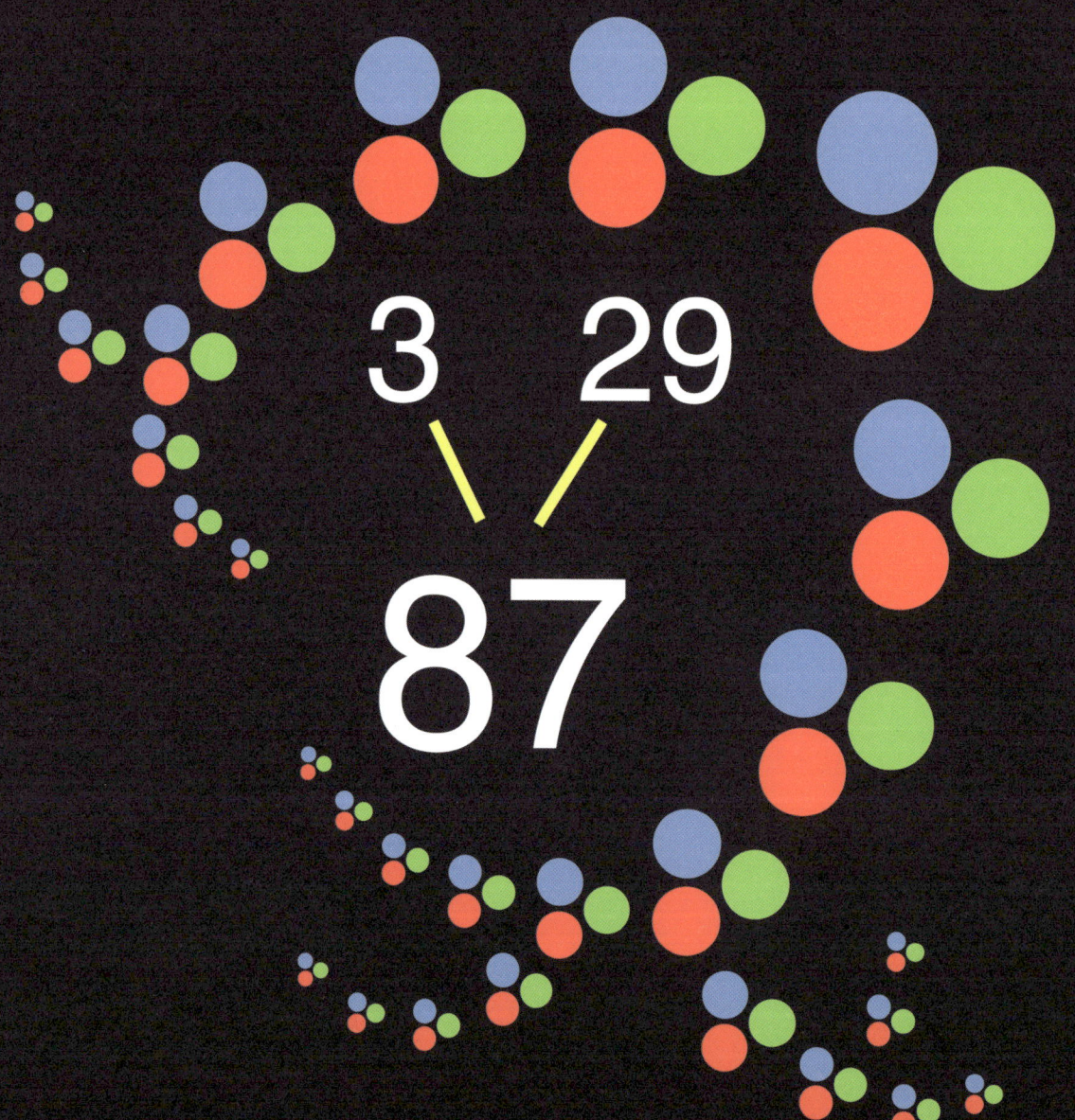

89

206

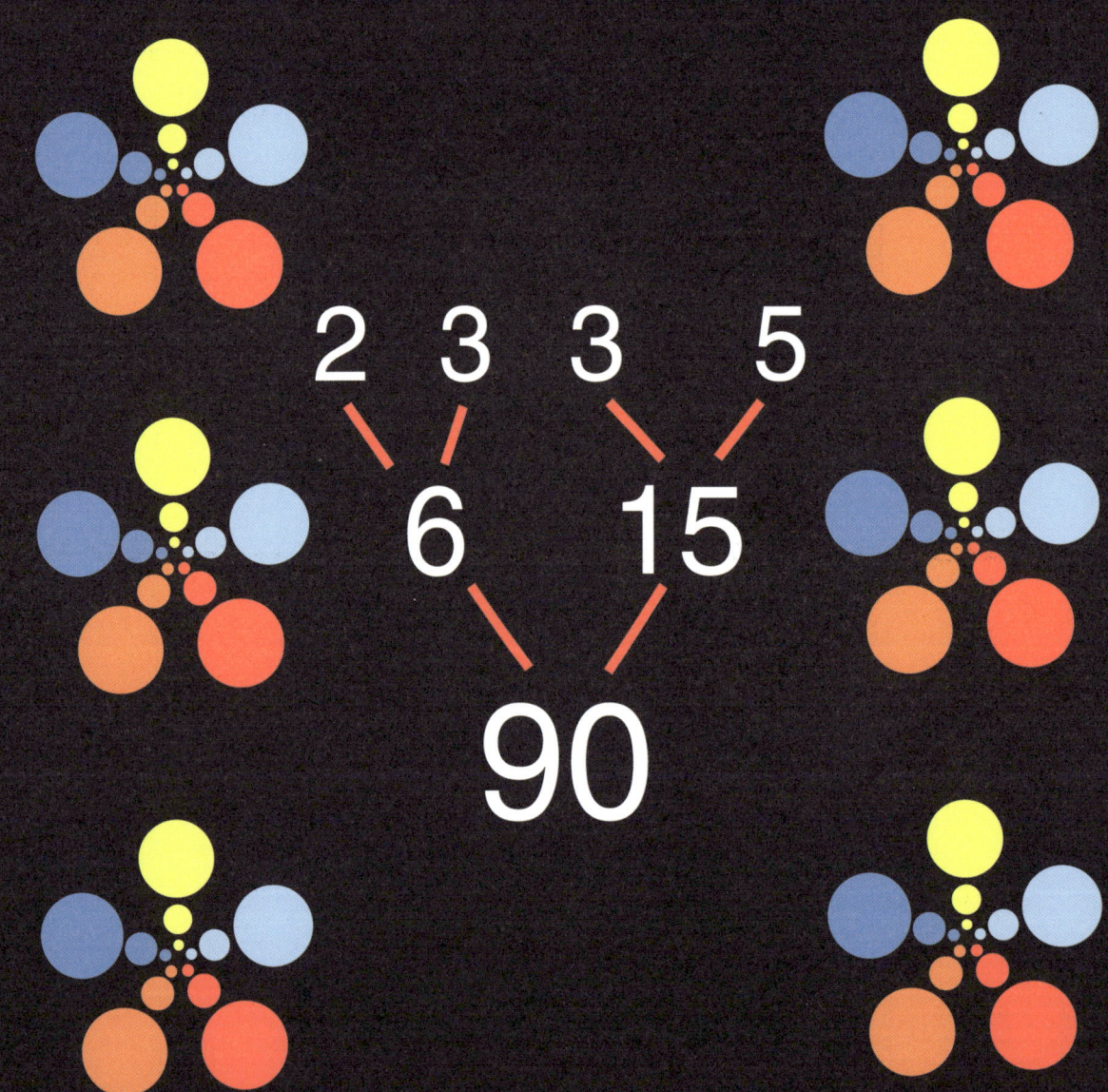

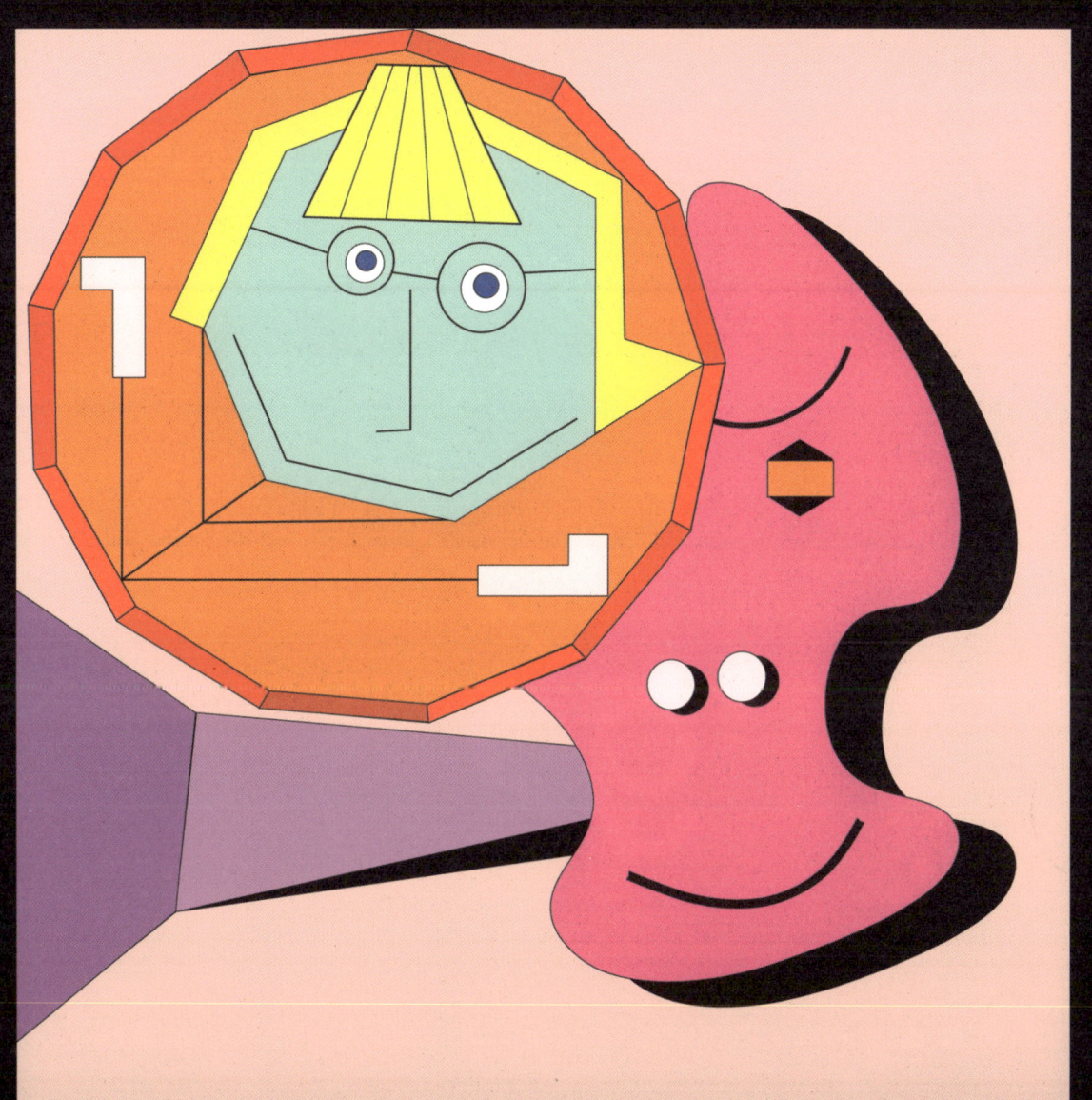

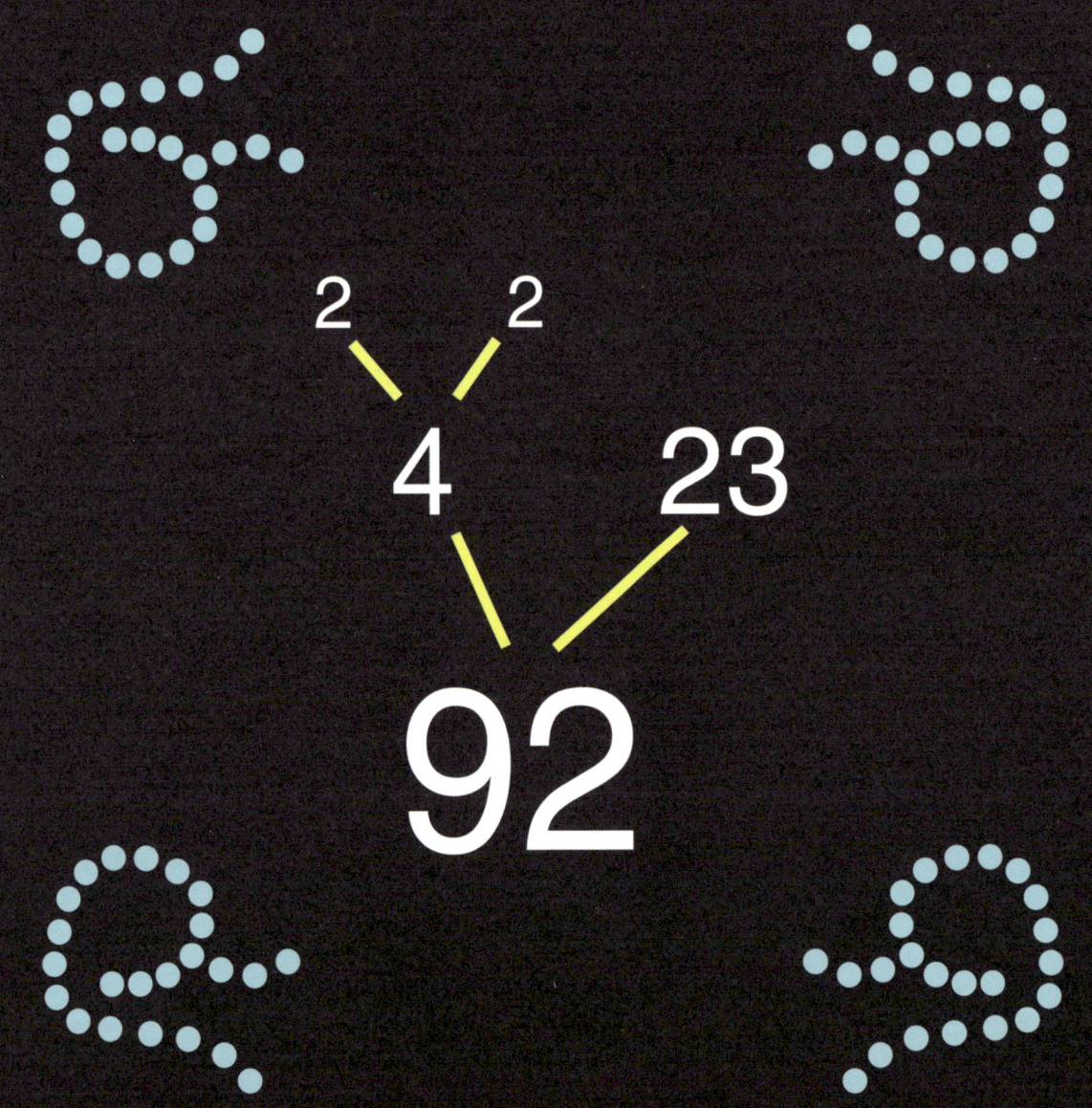

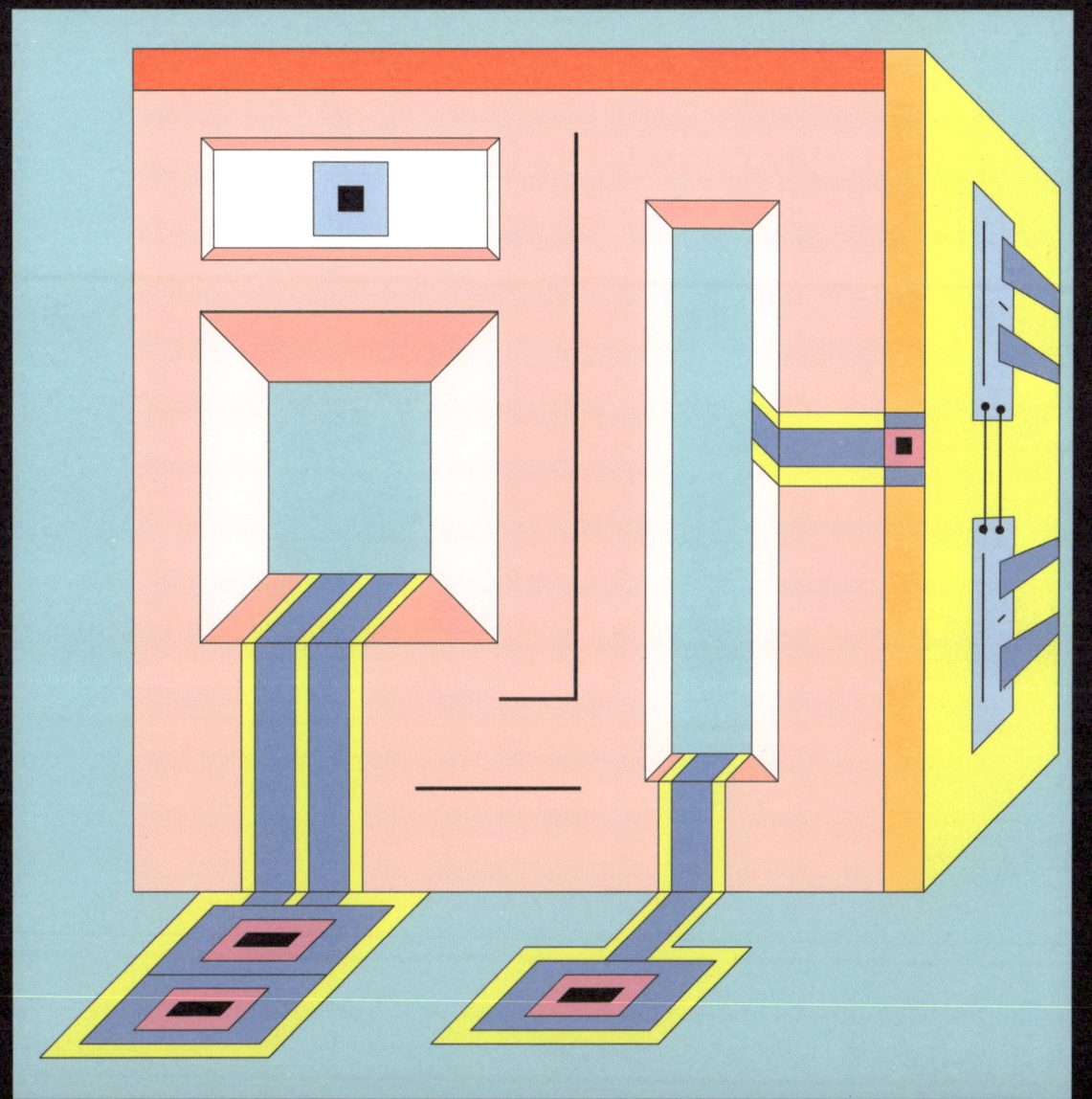

213

3 31

93

5 19

95

218

         2   2   2   2

    2   3   4   4

       6   16

           96

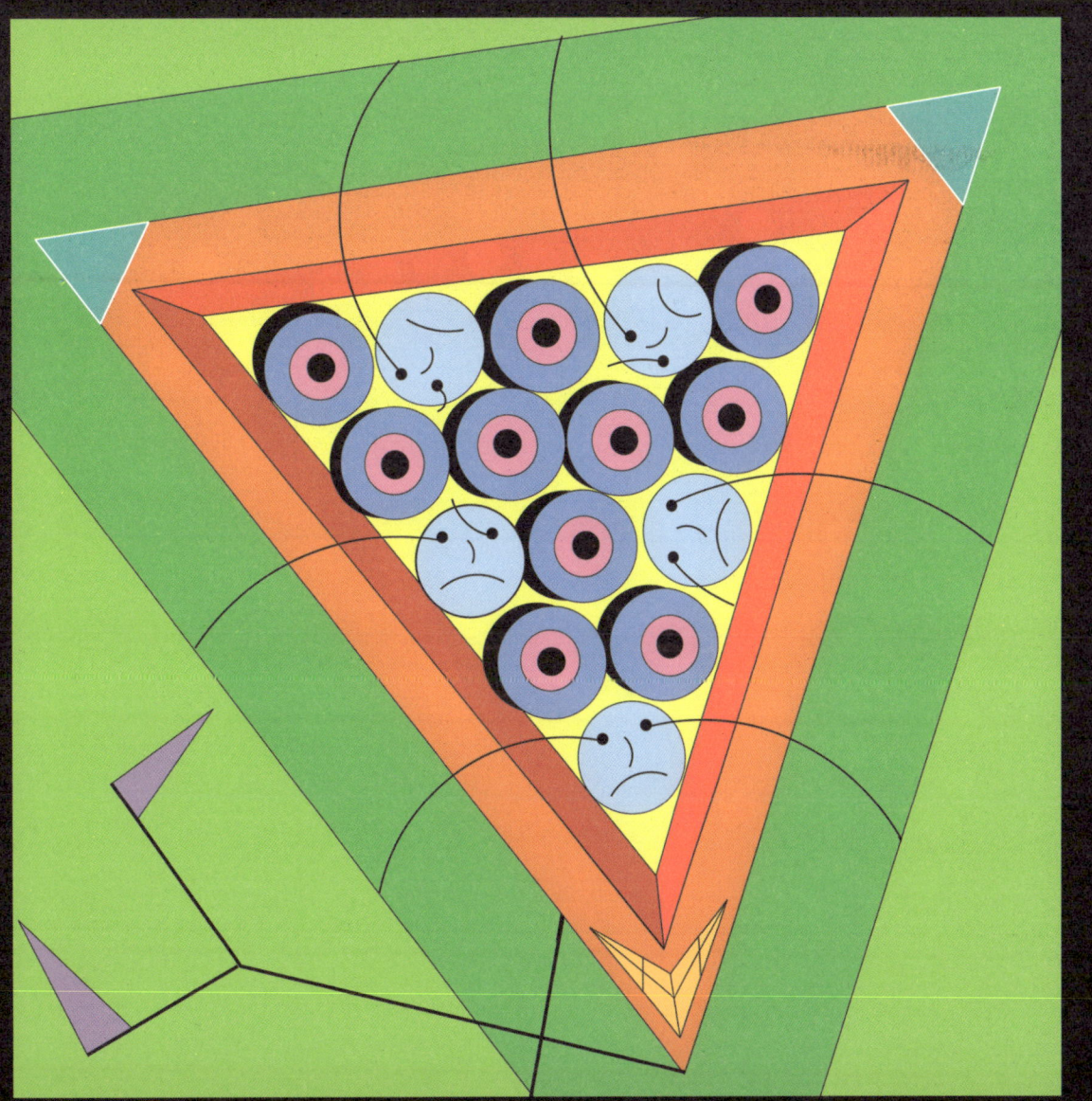

222

97

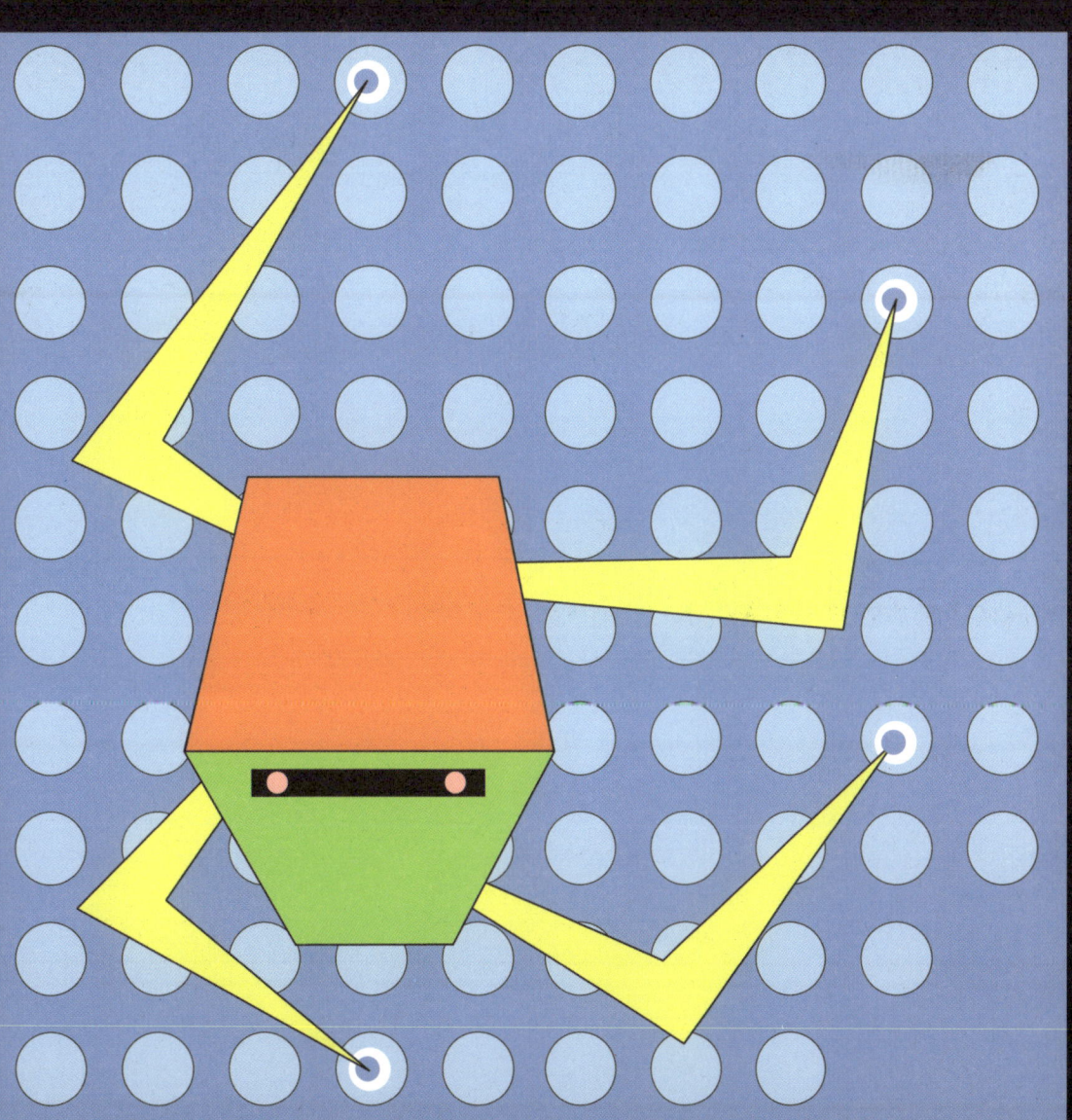

7 7
2 49
98

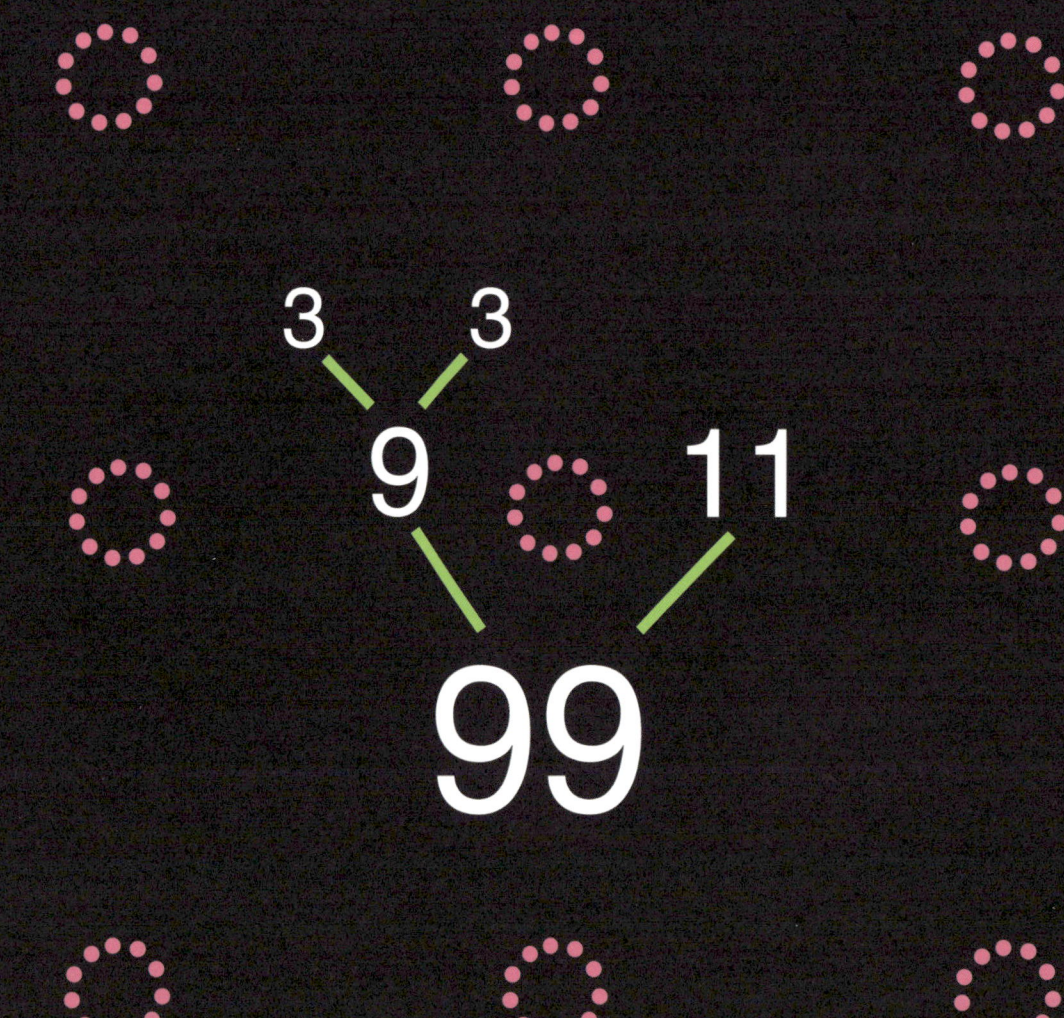

227

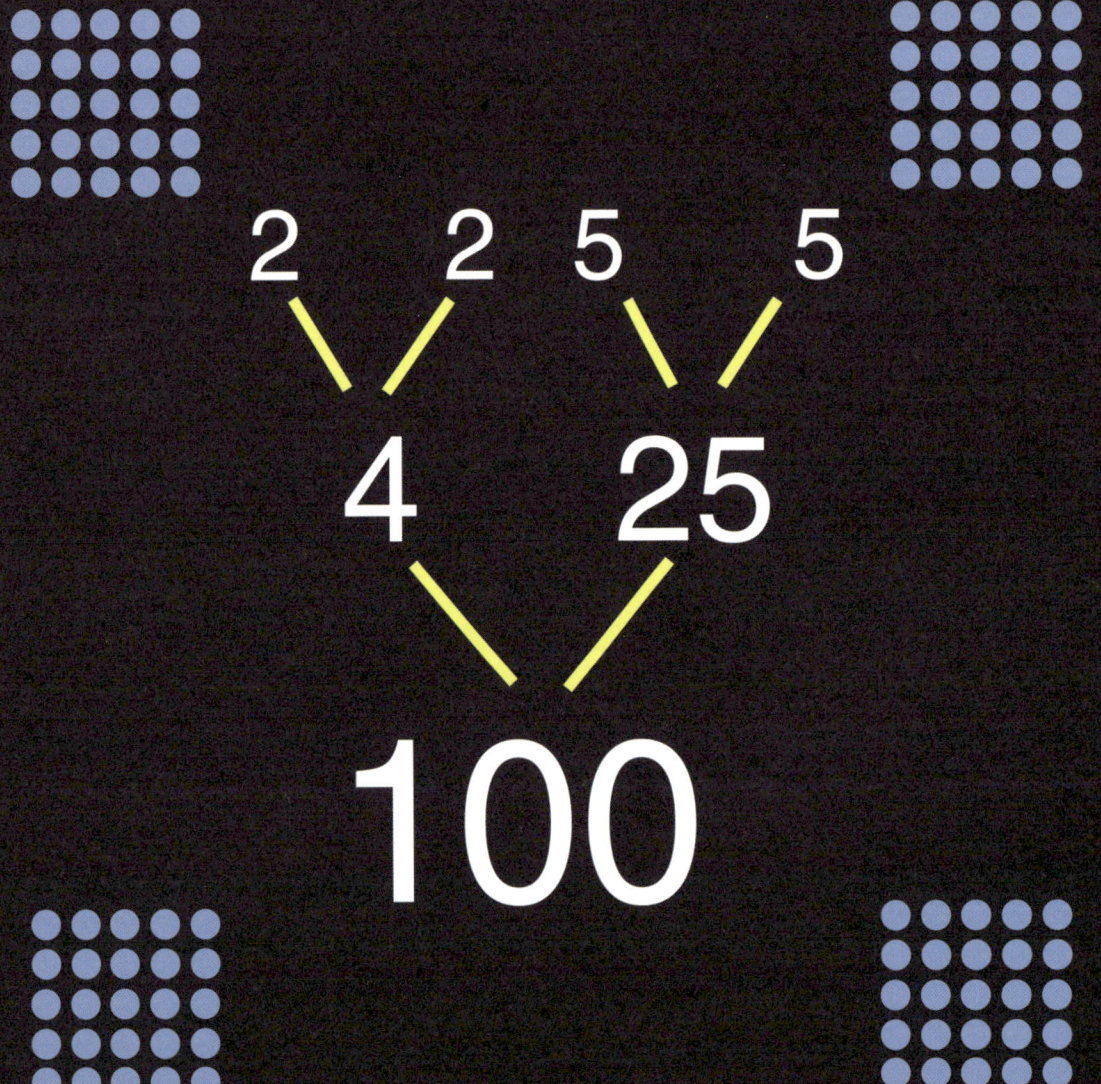

100보다 작은 모든 소수들을
어떻게 찾을 것인가?

2부터 100까지의
숫자들을 모두 쓴다.

첫 번째 숫자 2에 동그라미를 그리고 2의 배수들에는 줄을 긋는다.

동그라미가 그려져 있지 않고 줄이 그어지지 않은 숫자들 중에 맨처음 나타나는 숫자는 3이다. 앞 페이지와 같은 방법으로 숫자 3에 동그라미를 그리고 3의 배수들에 줄을 긋자.

또 반복하자. (동그라미가
그려져 있지 않고 줄이
그어져 있지 않은 숫자들
중에 맨처음 나타나는
숫자 5를 가지고
앞 페이지와 같은 방법으로
반복하자.)

또 반복하자. (동그라미가 그려져 있지 않고 줄이 그어져 있지 않은 숫자들 중에 맨처음 나타나는 숫자 7을 가지고 앞 페이지와 같은 방법으로 반복하자.)

235

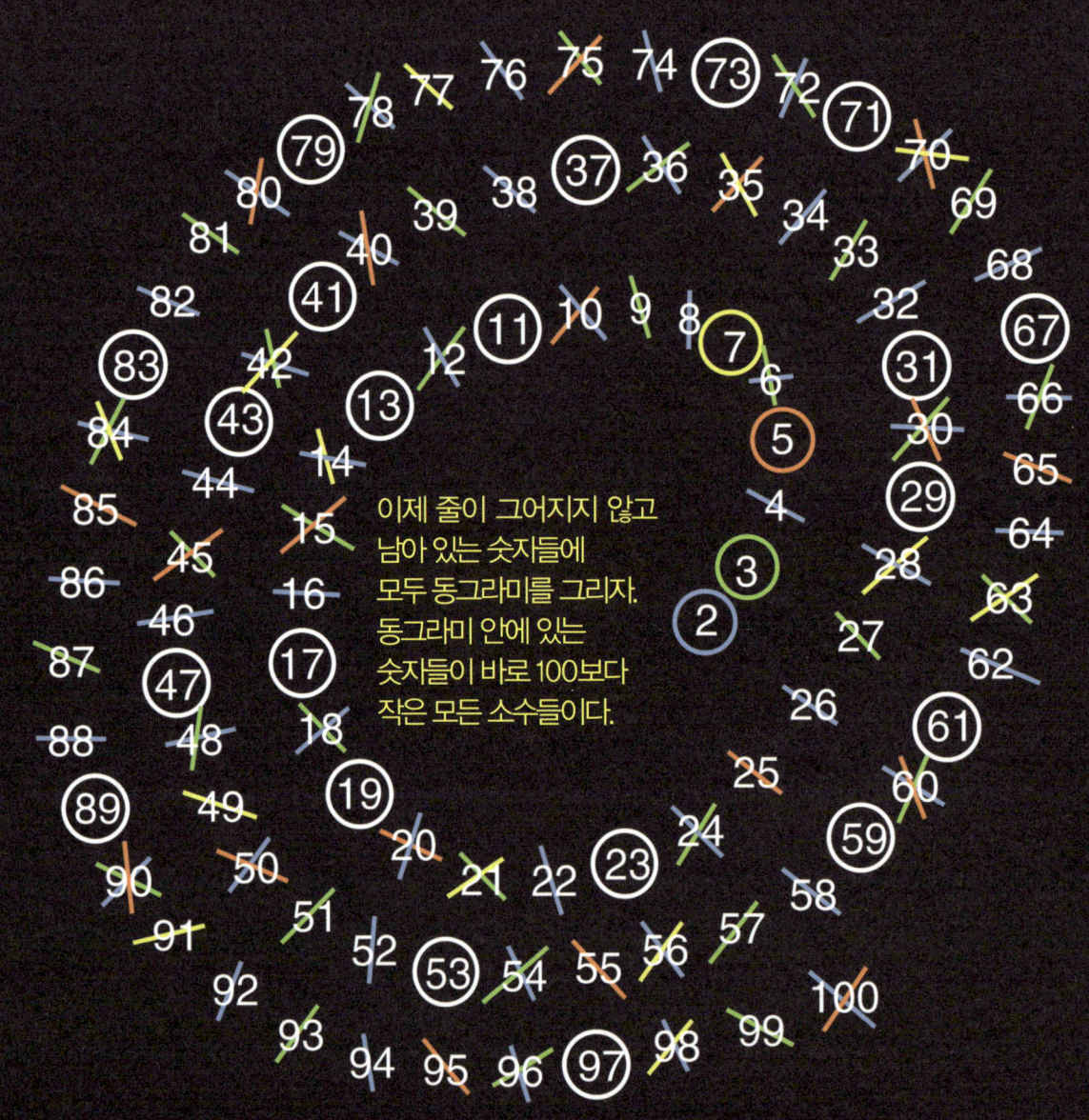

이것은 아주 오래전에 에라토스테네스(Eratosthenes)가 발견한 방법으로
'에라토스테네스의 체'라고 부른다.
100보다 작은 모든 소수들을 찾는 과정에서
소수 7까지만 반복하고 멈추었는데
그것은 왜일까?
그 이유는 100보다 작은 모든 합성수들은
10보다 작은 어떤 소수의 배수이고,
7은 그러한 소수들 중 가장 큰 수이기 때문이다.

시간과 종이만 있다면 큰 수가 주어져도
그 수보다 작은 모든 소수들을 찾기 위해 똑같은 방법을 사용할 수 있다.
예를 들면 400보다 작은 모든 소수늘을 찾으려 할 때는
숫자 19의 배수들을 지울 때까지
앞에서와 같이 계속 반복하면 된다.
400보다 작은 모든 합성수는 20보다 작은 소수들 중 하나의 배수이기 때문이다.
이것이 '에라토스테네스의 체'라는 방법이다.

왜 영원히 계속하여
새로운 소수들을
찾을 수 있는가?

약 2,300년 전에 유클리드(Euclid)는
왜 영원히 계속해서 새로운 소수들을 찾을 수 있는지에 대해 설명하였다.
유클리드의 방법을 살펴보자.

질문: 2로 나누어지는 숫자에는 어떤 수들이 있을까?
(또는 2의 배수가 되는 숫자에는 어떤 수들이 있을까?
2를 인수로 가지는 숫자에는 어떤 수들이 있을까?)

대답:
$2 = 1 \times 2$
$4 = 2 \times 2$
$6 = 3 \times 2$
$8 = 4 \times 2$
등등……

2, 4, 6, 8 등은 2로 나누어진다. 이 숫자들을 2로 나누어지는 노란색 집단이라고 부르자.

$3 = 1 \times 2 + 1$
$5 = 2 \times 2 + 1$
$7 = 3 \times 2 + 1$
$9 = 4 \times 2 + 1$
등등……

3, 5, 7, 9 등은 2로 나누어지지 않는다. 이 숫자들을 2로 나누어지지 않는 파란색 집단이라고 부르자.

소수 2를 인수로
갖지 않는 집단

앞 페이지에서 2에 대해 얘기한 것을 다른 소수에 대해서도 얘기할 수 있다.

질문: 7로 나누어지는 숫자에는 어떤 수들이 있을까?
(또는 7을 인수로 가지는 숫자에는 어떤 수들이 있을까?
또는 7의 배수가 되는 숫자에는 어떤 수들이 있을까?)

대답:
$7 = 1 \times 7$
$14 = 2 \times 7$
$21 = 3 \times 7$
$28 = 4 \times 7$
등등 ……

7, 14, 21, 28 등은 7의 배수들이다.
이 숫자들을 7로 나누어지는 노란색 집단이라고 부르자.

$8 = 1 \times 7 + 1$
$15 = 2 \times 7 + 1$
$22 = 3 \times 7 + 1$
$29 = 4 \times 7 + 1$
등등 ……

8, 15, 22, 29 등은 7로 나누어지지 않는다.
이 숫자들을 7로 나누어지지 않는 파란색 집단이라고 부르자.

소수 7을 인수로 갖지 않는 집단

다음의 숫자들 2!, 3!, 4! 등을 생각해 보자.

2! = 2 × 1 = 2

3! = 3 × 2 × 1 = 6

4! = 4 × 3 × 2 × 1 = 24

5! = 5 × 4 × 3 × 2 × 1 = 120

6! = 6 × 5 × 4 × 3 × 2 × 1 = 720

등등

2!은 2펙토리얼, 3!은 3펙토리얼, 6!은 6펙토리얼이라고 읽는다.

6!을 보자. 그리고 6보다 작은 소수들인 2, 3, 5에 대해서 생각해 보자.

2

6! = 2 × (어떤 정수)
↓
6!은 소수 2로 나누어지는 노란색 집단
↓
6! + 1은 소수 2로
나누어지지 않는 파란색 집단

3

6! = 3 × (어떤 정수)
↓
6!은 소수 3으로 나누어지는 노란색 집단
↓
6! + 1은 소수 3으로
나누어지지 않는 파란색 집단

5

6! = 5 × (어떤 정수)
↓
6!은 소수 5로 나누어지는 노란색 집단
↓
6! + 1은 소수 5로
나누어지지 않는 파란색 집단

따라서 6!은 소수 2, 3, 5로 나누어지는 노란색 집단에 들어 있다.
그러나 6! + 1은 소수 2, 3, 5로 나누어지지 않는 파란색 집단임을 알 수 있다.

6! + 1은 소수이거나 합성수이다. 두 가지의 가능성을 모두 생각해 보자.

첫 번째, 6!+1이 소수라고 가정하자. 그러면 우리는 6보다 큰 소수를 찾은 것이다.

두 번째, 6!+1이 합성수라고 가정하자. 6!+1은 앞 페이지의 설명에 의하면 6보다 작은 소수들로 나누어지지 않는 파란색 집단에 들어 있다. 따라서 6!+1이 합성수라면 6!+1을 나누는 소수들은 6보다 커야 한다. 그러므로 6보다 큰 소수가 있다는 것을 알 수 있다.

우리는 6보다 큰 소수 7이 있다는 것을 이미 알고 있으므로
6보다 큰 소수가 있다는 것을 밝히기 위한 이 설명들이
다소 불필요해 보일 수 있다.
하지만 이러한 설명을 모든 숫자에 적용하기 위해 이것은 필요한 과정이다.
좀 더 설명해 보자.

2300!+1은 소수이거나 합성수이다.
두 가지의 가능성을 모두 생각해 보자.

첫 번째, 2300!+1이 소수라고 가정하자. 그러면 우리는 2300보다 큰 소수를 찾은 것이다.

두 번째, 2300!+1이 합성수라고 가정하자. 2300!+1은 2300보다 작은 소수들로 나누어지지 않는 파란색 집단에 들어 있다. 따라서 2300!+1을 나누는 소수들은 모두 2300보다 크다는 것을 알 수 있다. 이로부터 2300보다 큰 소수가 있다는 것을 알 수 있다.

6 대신에 2300을 가지고 똑같은 설명을 하여 2300보다 큰 소수가 있다는 것을 설명하였다.

똑같은 설명을 모든 수에 적용할 수 있다.
아무리 큰 숫자를 고르더라도
그 숫자보다 큰 소수가 있음이 설명된다.
이로써 영원히 계속 새로운 소수를 발견할 수 있다는
사실이 밝혀졌다!

감사의 글

나의 아내인 브리엔느 브라운에게 감사드립니다.
아내의 격려가 없었다면 나는 결코 이 책을 마치지 못하였을 것입니다.
또한 이 책의 색상 교정을 도와준 마우린 스톤에게도 감사드리고 싶습니다.
끝으로 이 책에 대한 확고한 믿음을 보여 준
엘리스 페터스와 클라우스 페터스에게 감사드립니다.

리차드 이반 슈바르츠

지은이 리차드 이반 슈바르츠Richard Evan Schwartz 는
미국의 수학자로서 캘리포니아 주립대학교(UCLA)를
졸업하고 프린스턴대학교에서 박사학위를 받았습니다.
지금은 브라운대학교 수학과의 저명한 교수입니다.
그는 다양한 창조 활동을 좋아하는데,
특히 만화 같은 그림 그리기도 매우 좋아합니다.
지은이를 더 많이 알고 싶다면
http://www.math.brown.edu/~res를 참고할 수 있습니다.

옮긴이 이윤진은 브라운대학교 수학과에서 박사학위를
받았고, 현재 이화여자대학교 수학과 교수입니다.
옮긴이의 연구 분야는 정수론 및 부호 이론입니다.
옮긴이를 더 많이 알고 싶다면
http://math.ewha.ac.kr/~yoonjinl을 참고할 수 있습니다.

지은이가 한국의 어머니에게 드리는 글

수학을 연구하는 나는 수학이 두 가지의 특성을 가지고 있다고 생각합니다.
첫째로 수학은 매우 엄격한 학문이며,
둘째로 매우 창조적이고 흥미로운 학문이라고 생각합니다.
학생들은 수학을 공부하기 위해 수학의 기법들을 익혀야 할 뿐만 아니라
궁극적으로 성숙하고 아름다운 수학을 창조하기 위해서는
자유롭고 흥미있는 영감을 불러일으킬 수 있는 사고를 길러야 한다고 생각합니다.

이 책에서 나는 그러한 수학의 두 가지 특성들을 상징적으로 보여 주려고 하였습니다.
책 속에 있는 그림들은 별나고 기묘하여 수학과 별로 관계가 없어 보이지만
전체적인 구조에서 정수들의 탄탄한 체계를 보여 주기 위해
그러한 그림들을 그리게 되었습니다.

옮긴이의 글

수학을 연구하는 사람으로서 옮긴이는 이 책이 어린이들의 상상력을 자극하는
새롭고 창의적인 방식으로 수의 개념을 전달하고 있어
매우 흥미롭게 생각되었습니다.
특히 이 책의 지은이는 옮긴이가 박사학위를 받은 브라운대학교의
수학과 교수이기 때문에 더욱 관심을 갖게 되었습니다.
그러나 무엇보다도 아이들이 숫자에 대한 개념을
어떻게 하면 재미있게 배우고 즐길 수 있을까에
관심을 가져왔던 터라 이 책에서 매우 신선한 충격을 받았습니다.
지은이는 화려한 색상과 재미있는 모습의 별난 괴물monster들과
숫자놀이를 즐길 수 있는 수의 세계로 어린이들을 초대합니다.
지은이는 소수를 괴물monster이라고 부르지만
옮긴이는 우리 정서에 맞게 도깨비라는 말로 옮겼습니다.
소수의 무한성을 증명하는 이 책의 끝 부분은
대학의 정수론 수업에서 다루어지는데,
어린이들도 이해할 수 있도록 설명한 사실이 놀라웠습니다.
수학을 탐구하는 사람으로서, 어린이들이 이 책을 통해
창의적이고 풍부한 상상력을 가질 수 있게 되기를 바랍니다.

이 책에 나오는 낱말들

정수(整數 whole number, integer): 정수란 음의정수, 0, 양의정수로 나눌 수 있다.
정수는 0을 포함하지만 절대 소수(小數)나 분수가 되어서는 안 된다.
−3부터 +3까지의 숫자를 예로 들면, −3, −2, −1, 0, 1, 2, 3이며, 이 수들은 모두 정수이다.

소수(素數, prime number): 1과 자신 이외에는 나누어지지 않는 수이다.
소수(素數)는 소수(小數)와 다르며 소수(小數)는 0과 1 사이의 숫자를 말한다.
예: 0.1, 0.2, 0.3 ······.

인수(因數, factor): 어떤 정수 A를 몇 개의 정수의 곱으로 나타낼 때,
이 정수들을 본래의 정수 A의 인수라 한다.
따라서 인수는 약수와 같은 개념으로 생각할 수 있다.
정수의 인수 중 소수인 것을 소인수(素因數)라고 한다.
예를 들어, $42 = 1 \times 42 = 2 \times 21 = 3 \times 14 = 6 \times 7$이므로
1, 2, 3, 6, 7, 14, 21, 42는 모두 42의 인수이자 약수이다.
그리고 이 중에서 소수인 2, 3, 7은 42의 소인수이다.

인수분해(因數分解, factorization): 어떤 수를 다른 수들의 곱으로 표현하는 것을 말한다.
특히, 어떤 정수를 소수들의 곱으로 표현하는 것을 소인수분해라고 한다.

따라서 소인수분해는 인수분해의 한 종류이다.

합성수(合成數, composite number): 1보다 크고 자신보다 작은 어떤 수에 의해 나누어지는 수이다.
따라서 합성수는 어떤 수의 배수들이다.
합성수는 소수의 반대되는 수이다. 정수에서 1과 소수를 빼면 합성수이다.

팩토리얼: 기호로 !라고 쓰는데, 5!이란 1 x 2 x 3 x 4 x 5를 뜻하고, 5팩토리얼이라고 읽는다.
10!이란 10팩토리얼이라고 읽으며, 1부터 10까지 차례로 곱한 것을 말한다.

에라토스테네스(Eratosthenes):
기원전 244년 무렵에 살았던 그리스의 수학자이다.
소수(素數)를 발견하는 방법으로서 '에라토스테네스의 체'를 고안하였고,
해시계로 지구 둘레의 길이를 처음으로 계산하였다.
천문학자와 지리학자이기도 하며 지리상의 위치를 위도와 경도로 맨처음 표시한
사람으로 알려져 있다.

유클리드(Euclid): 기원전 300년 무렵에 살았던 그리스의 수학자이다.
'유클리드 기하학'으로 유명하며, 알렉산드리아에서 프톨레마이오스 1세에게 수학을
가르쳤다. 프톨레마이오스 1세는 알렉산더 대왕의 장수로서 후에 이집트 왕이 되었다.

옮긴이가 독자에게 드리는 보너스

잠시 237페이지로 돌아가 보자.

이 방법은 아주 오래전 옛날에 에라토스테네스(Eratosthenes)가
발견한 방법으로 '에라토스테네스의 체'라고 부른다.
100보다 작은 모든 소수들을 찾는 과정에서
소수 7까지만 반복하고 멈추었는데, 그것은 왜일까?
그 이유는 100보다 작은 모든 합성수들은
10보다 작은 어떤 소수의 배수이고,
7은 그러한 소수들 중 가장 큰 수이기 때문이다.

위의 설명에서 2에서 100까지의 합성수들을 지우는데
왜 10보다 작은 소수 2, 3, 5, 7의 배수까지만 지웠는지 의문을 가질 수 있다.
여기서 10은 100의 제곱근($\sqrt{100}$)이다.
이것을 설명하는 간단한 증명이 있다.

제곱근: $100 = 10 \times 10$일 때 10을 100의 제곱근이라고 하고 기호로 $\sqrt{100}$ 이라고 쓴다.
따라서 $\sqrt{100} = 10$이다. 그리고 어떤 수 n의 제곱근은 $\sqrt{n}$ 이고, $n = \sqrt{n} \times \sqrt{n}$ 이다.
$\sqrt{100}$ 은 루트 100이라고 읽고, $\sqrt{n}$ 은 루트 n이라고 읽는다.

정수 n이 합성수라면 정수 n은 반드시 $\sqrt{n}$ 보다 작거나 같은
어떤 소수의 배수이다.

왜냐하면:
n이 합성수라면 n = a × b로 쓸 수 있다.
(이 때, a와 b는 1보다 크고 n보다 작은 정수이다.)
그리고 a, b 중 하나는 다른 것보다 크거나 같으므로, b가 a보다 크거나 같다고 하자.
그러면 a는 $\sqrt{n}$ 보다 작거나 같아야 한다.
왜냐하면 a가 $\sqrt{n}$ 보다 크다면,
$\sqrt{n}$ < a ≤ b 가 되므로
$\sqrt{n}$ × $\sqrt{n}$ = n 보다 a × b가 커지게 되므로
n = a × b라는 사실에 모순이 된다.

따라서 a는 $\sqrt{n}$ 보다 작거나 같은 어떤 소수의 배수이고,
또한 n은 a의 배수이므로,
결과적으로 n은 $\sqrt{n}$ 보다 작거나 같은 어떤 소수의 배수이다.